CW01651847

ROBIN 'RENGAN LAS
A'I DEBYG

Robin 'Rengan Las a'i Debyg

William Owen

GWASG Carreg Gwalch

Argraffiad cyntaf: Awst 1979
Argraffiad newydd: Gorffennaf 1996

Rhif Llyfr Safonol Rhyngwladol:
0-86381-370-4

Llun y Clawr: Anne Lloyd Morris
Cynllun y Clawr: smala, Caernarfon

Argraffwyd a chyhoeddwyd gan Wasg Carreg Gwalch,
Iard yr Orsaf, Llanrwst LL26 0EH
☎ (01492) 642031

I

Gofio Mam a 'Nhad am iddynt, ymhlith pethau eraill, fy nhrwytho yn Chwedloniaeth y 'Cen'

Cynnwys

‘Gwyn fyd y rhai syml eu bywyd,
Y sawl a oedd yma gynt gyda ni
Yn y tyddyn a’r gweithdy a’r siop.
Y rhai nad yw eu bywyd yn gaer inni mwy,
Ac nad oes heddiw yn aros
Ddim ond eu chwedlau a’u henwau hwy.’

(o *Y Crefftwyr* — J.M. Edwards)

Rhagair

Cyhoeddwyd argraffiad cyntaf y gyfrol fach hon gan Wasg Tŷ ar y Graig yn 1979, er mai talent yr actor amryddawn, J.O. Roberts a fu'n bennaf gyfrifol am ei dwyn i sylw ehangach. Bu iddo gynnwys rhannau yn '*Broc Môn*', rhaglen a gynhyrchwyd gan Dafydd Huw Williams ac a ddarlledwyd yn gynnar yn yr wythdegau; yna drachefn, ar ddechrau'r nawdegau, rhoddodd anadl einioes i'r cyfan mewn cyfres arall o ddarlleniadau a gynhyrchwyd ar Radio Cymru — gan Aled Jones y tro hwnnw.

A phwy'n well na J.O.? Oni threuliodd ran o'i fachgendod yn y Garreg-lefn? Adwaenai nifer o'r cymeriadau'n dda — neu o leia rai digon tebyg iddynt! — ac yn ei ddarlleniadau parodd iddynt oll lefaru eto. Mawr fy nyled iddo.

Ac wele'n awr Wasg Carreg Gwalch yn cyhoeddi argraffiad newydd.

Diolchir yn llaes i Myrddin ap Dafydd am fentro yn y gobaith bod modd denu to newydd o ddarllenwyr.

Aelod o'r un tîm yw Anne Lloyd Morris hithau. Hi, yn fedrus iawn, a gynlluniodd y cloriau ar gyfer *Y Llanc Nad Yw Mwy* (1991) a *Tawelu'r Ysbrydion* (1995) a braf oedd cael ei gwasanaeth unwaith yn rhagor er sicrhau bod y gyfres bellach yn gyflawn.

William Owen,
Borth-y-gest
Gorffennaf 1996

Wias Penllaingoch

Lawr yn y 'Cen'. Mae'r For Sale *yn arwydd rhy gyffredin yno bellach a 'phlant Alis', bron yn ddieithriad, yw'r prynwyr.*

Digwydd bod yn pori yn *Herald Môn* yr oeddwn i. Oedd yn wir, roedd digon o eiddo ar werth yng ngholofnau Bob Parry, Morgan Ifas a Jôs a Biardmor. Marchnad addawol i'r tai ha' meddwn, a beth welwn i'n rhythu arna' i yn y llythrennau brasaf ond hysbyseb bowld am Penllaingoch, *a cottage of character in North Anglesey*; lle bach *quaint* i'w ryfeddu, mewn *pleasant rural position*, ar gyrion *quiet village* oedd yn *remote* ond eto chwarae teg, yn *accessible* — hefo'i *lounge* a'i *inglenook fireplace* a'i *small scullery* a'i un *bedroom* heb anghofio'r grogloffl. Roedd o'n *ripe for modernisation* ac wedi ei brisio'n rhesymol, yn ddim ond saith mil a hanner o bunnoedd, neu'r *nearest offer*. I goroni'r cwbl, ar fy ngwir, roedd iddo ardd *suitable for landscaping*, a gallai'r sawl â'r dychymyg ganddo droi'r lle, bron dros nos, yn hafan ac yn encil i lyfu clwyfau. Yr oedd y cyfan yn rhan o stad Martha Rachel Williams — *Deceased*.

Sôn am wefr a roddai'r disgrifiad i'r hen wraig. Dim ond pedwar ugain punt roddodd hi amdano o'r 'cant Siwrin' a gafodd ar ôl Tomos Defi pan fu farw'n sydyn ryw nos Wener ac yntau ar ei ffordd o Foddion yr Ŷd yn eglwys Llanbabo. Nid ei bod hi'n giamblar ar fuddsoddi arian a phethau dyrys felly. Fu ganddi fawr o gelc na chynt na chwedyn ond tua'r un adeg bygythiodd Miss Pryse Edwards, Treferddyn, yr hen dreipan, godi'r rhent o ddeunaw yr wythnos i ddau a thair. Hi oedd piau hanner y pentre a doedd hi ddim am rwystro neb rhag chwilio am rywle amgenach, onid oedd ei thelerau'n dderbyniol.

'Triwch 'i brynu o i'r diawl Mam,' ddywedodd Lei ryw noson, 'gwariwch y pres siwrans 'na, i be maen nhw'n dda?'

Gallai Lei roi dau chwech am swllt i rywun. Roedd o wedi cael addysg. Bu yn yr ysgol nes bod yn bedair ar ddeg heblaw'n gwneud mân ddyletswyddau i Griffiths y Sgŵl am sbel go lew ar ôl hynny. A thrannoeth ar ei godiad, fe aeth i Amlwch i swyddfa Parsons, Wilkins a Breese. Cyn pen y mis yr oedd ei fam yn berchen stad, yn aelod o'r aristocrasi, yn dirfeddianwraig gyfrifol ynghanol gwerin dlawd o dyddynwyr, tenantiaid taeog 'rhen Estar y Rhent.

Ac fe fu'n cadw aelwyd Penllaingoch am drigain mlynedd a mwy, er mai dim ond am ryw ugain o'r rheiny y bu'r lle yn eiddo iddi hi ei hun. Yno y daethai o Lannerch-y-medd yn wythdegau'r bedwaredd ganrif ar bymtheg, yn hogan lysti ddeunaw oed ac yn ymgeledd gymwys i hogyn fenga Huw Wilias Tyddyn Pandy, un o gertmyn Fferam Gyd. Roedd y ddau wedi taro ar ei gilydd yn Ffair Fechell a chan ei bod hi'n anniddig ei byd fel morwyn fach yng Nghae Mawr ac yntau wedi cael llond ei fol ar rafio a gwely peiswyn y llofft stabal, dyma daro bargian yn syth. Yn siambar y bwthyn, 'y briding caets', chwedl Tomos, y ganed Nan, Meri, Lisi, Grês, Elin, Jini, Maggie, Jac a Lei, torllwyth o naw na chaed trafferth yn y byd i'w magu. Epiliasant hwythau yr un mor ddeheuig yn eu tro, yn gyfreithlon ac anghyfreithlon, nes bod criw aneirif erbyn dechrau'r Ail Ryfel, wyrion ac wyresau o bob lliw a llun, maint a ffurf, cylch frithion, mân frithion, mawr frithion, blaenoriaid, tinceriaid, ciperiaid, pregethwyr cynorthwyol, porthmyn a photsiars, wedi treiddio i bob cwr o'r ynys a thu hwnt iddi.

Fel hen wraig yn ei hoed a'i hamser y cofia' i Martha. Roedd Tomos Defi wedi marw ers tro byd ac aethai'r plant dros y nyth ers blynyddoedd. Pob un ond Jini. Dôi Lei ar ei feic o Lanfair-yng-Nghornwy ar ambell i bnawn Sul, ond unwaith yn y pedwar amser y gwelid y lleill. Nid bod hynny'n poeni rhyw lawer arni hi chwaith. A dweud y gwir plaen, doedd hi ddim yn rhy awyddus i'w cael nhw dan draed i wthio'u hen fysedd i'w brwas hi ac fe fyddai'n dda gan ei chalon petai rhywun yn cymryd trugaredd o Jini'n ogystal. Fe swcrodd hi ddigon arni beth bynnag ond doedd neb am siapio na neb yn gofyn i beth oedd yr hen glawd yn dda. Ond fe fu rhagluniaeth yn garedig, hyd yn oed wrth Jini yn y diwedd. Dechreuodd Ned Rhos Bill rwbio ynddi ac, er nad oedd Ned yn greadur i roi wyau 'tano, roedd o'n ddigon derbyniol gan ei ddarpar fam-yng-nghyfraith, dim ond iddi gael gwared â'i chyw melyn ola'.

' 'Rhen hogan Jini 'cw'n priodi heddiw Maggie Ŵan,' meddai wrth Mam ryw fora. 'Matar o raid yntê ond Nefi Wen mae'n dda iddi gael rywun yntydi? Mae Ned a hitha wedi picio ar y moto beic i Langefni'r bora 'ma i gael 'u gneud.'

'Allwch chi ddim mynd i ocsiwn Charlie Jôs i Amlwch felly,' atebodd hithau. 'Mi fydd raid i chi aros yn y tŷ i neud sgram i'r pâr ifanc erbyn dôn nhw adra.'

'Trugaradd i filoedd, be sy' haru chi ddynas?' cyfarthodd, 'Mi osoda' i ddwy gwpan a sosar ar y bwrdd ac mi gân' dendio arnyn nhw'u hunain. Tendio arnyn nhw'u hunain fydd raid iddyn nhw rŵan Maggie Ŵan bach a gora po gynta y dechreuan nhw arni hefyd.'

A doedd dim i rwystro Martha wedyn, unwaith y caed Jini o'r ffordd, rhag dilyn ei greddf a gwneud yn union fel y mynnai. Câi hen lanc Tai Hirion alw heibio yn ei dro. Nid bod 'na ddim rhyngddyn nhw, chwedl hithau, ond mi roedd o'n beth sobor o ffeind. Wel, roedd o'n gynddeiriog o glên hefo hi beth bynnag er bod amryw byd yn taeru mai hen grintach agos ato'i hun oedd o. Neu fe gâi gau'r drws yn glep unrhyw fore a'i gloi a threulio diwrnod cyfan yn hel priciau ym mhonciau Alma, yn trwsio sanau yn Rhyd y Felin, yn gwau yn Felin Nant neu'n plicio tatws yng

Nglegyrog ar gyfer cinio dyrnu — a châi ei bwyd yn y fargen; byw fel George, a chynilo er mwyn cael gwario'i harian ar bethau amgenach na sgrwtsh bol. Oedd yn wir, roedd hi'n nefoedd bod yn annibynnol ar yr haflug plant . . .

Wias oedd hi i bawb acw. Modryb Wias a rhoi iddi ei theitl yn llawn. Mae'n wir nad oedd y berthynas yn un o waed, ond ar gyfri ei safle fel un o'n cymdogion agosaf, cafodd ei dyrchafu i urdd modryb er anrhydedd, ac am fod un ohonom ni'r plant yn ei fabandod naill ai wedi methu ynganu'r 'l' neu wedi ei gollwng yn fwriadol, fe'i bedyddiwyd hi'n Wias. Hi oedd arwres fawr ein blynyddoedd cynnar ni ac fel y dyfnhâi'r berthynas rhyngom fe beidiwyd â bod mor ffurfiol ac fe ollyngwyd 'modryb' yn ogystal.

Pwtan dywyll, goesfer oedd hi na chroesodd y Bont fwy na theirgwaith yn ei hoes. Ond o graffu ar groen melynsych ei hwyneb rhychog fe fyddai rhywun yn taeru iddi ryw dro, ymhell cyn ein geni ni, gael ei thrawsblannu yn naear yr ardal 'rôl blynyddoedd o rygnu byw yn y Claddagh yn ninas Galway, neu o bedlera gyda'i theulu rywle yn Sefil neu Andalwsia. Ac yr oedd y sanau a'r sgidiau a'r ffrog a'r barclod a'r siôl, oll o'r du trymaf, hwythau fel pe baent yn mynnu cadarnhau'r un peth, mai o linach y Romani yr hanai hi.

Popeth ond ei siarad, canys yr oedd hi'n fonoglot bur, wedi ei harfogi â dau air yn unig o'r iaith estronol er y gallai draethu'r rheiny gyda chryn arddeliad pryd bynnag yr oedd galw. Dôi'r 'No tôcing' weithiau'n ebychiad cwta, dro arall yn gyfarthiad ymosodol hyderus, ond roedd yn bownd ulw o warantu llonydd iddi os digwyddai ambell ŵr dieithr ar ei hald yn Awst aros am sgwrs wrth y wal fach.

Ond nid iaith Defis Gwnidog oedd ei hiaith hi er mai o'r un chwarel yn aml y cloddient rai o'u hymadroddion cyffredin. Adwaenais i neb allai regi'n union fel Wias. Ac eithrio'r adegau hynny pan gyflogai holl alluoedd y Fall i olrhain achau teuluoedd rhai o'i meibion-yng-nghyfraith yn ôl i'w hogofau, yr oedd sglein arbennig ar ei chrefft. Roedd y peth yn anhygoel feistraidd, yn rymus ond yn urddasol barchus yr un pryd, effeithiolach a naturiolach traethu na dim a glywais i erioed — y ddawn brin i alw at wasanaeth, yn annaearol addas, yr union lw ar gyfer yr union achlysur. A tharo deuddeg yn ddi-feth bob tro. Bûm yn ddisgybl pum mlwydd eiddgar iddi — ddyfned f'edmygedd ohoni, gan wneud cynnydd mor syfrdanol mewn cyfnod mor fyr nes gorfu i 'nhad ymyrryd i roi terfyn ar yr addysg rad a dderbyniwn yn feunyddiol wrth ei thraed.

'I'r tân mawr yr ei di am ddeud hen eiria hyll fel'na,' ond allwn i yn fy myw ddeall pam, canys roedd Ned Huw Tyddyn Creigiau wedi sicrhau pawb yn y Band o' Hôp nad oedd neb âi i'r capel yn gorffen yn fan'no.

Ac yr oedd Wias yn y capel o flaen neb, yn y drydedd sêt o'r drws, ar yr ochr dde, bob yn ail nos Sul. Mae'n wir fod cloc Penllaingoch hanner awr yn fuan bob amser, ond hi ei hun yn unig a wyddai pam yr oedd yn rhaid cyrraedd mor freciol bob tro. Dim ond unwaith, pan anghofiodd John Pritchard Tyddyn Maen â throi'r awr, y cofir i neb gyrraedd o'i blaen. Dôi yno wedi'i rigio'n swel o'i cho', ac oglau peli camffor lond bob man i'w chanlyn. Câi'r siôl ei bwrw o'r neilltu i roi lle i'r gôt astracan ddu a'r sanau leil llwydlas yr oedd wedi eu prynu yn '*Rafr Aur* i fynd i gnebrwng ei chwaer hynaf. Ond fe fûm yn dyfalu droeon beth a barai iddi edrych mor biwis bob tro y codai'r gynulleidfa i ganu. Ni fyddai'r un pregethwr wedi gorffen cyhoeddi yr un emyn nad oedd hi'n union fel consuriwr, ar y cynnig cyntaf, wedi agor ei llyfr ac yn ymddangos fel petai wedi taro ar yr union rif heb orfod trafferthu, fel y gweddill ohonom, i droi'r tudalennau'n ffrwcslyd mewn ymdrech seithug i ddod o hyd iddo cyn i Miss Owen, Treiolfa gychwyn tradlio'r organ. Er dyfal doncio'n hir i'w hefelychu bu raid cydnabod nad oedd ei dawn gyfrin gen i. Ond roedd hi'n fwy o ddirgelwch, unwaith y dechreuem ganu, pam nad agorai hi mo'i cheg, dim ond edrych fel tyrcan i gyfeiriad y Sêt Fawr.

Gan Nan Tŷ Lawr y ce's i'r eglurhad. Fe ddaeth hi i eistedd i'n sêt ni ryw nos Sul, a hi roddodd bwniad i mi pan oedd Defis Gwnidog yn dechrau sôn am y rhai oedd yn fyr o'u breintiau . . .

'Wyddost ti pam nad ydi Wias byth yn canu yn capal? Am na fedar hi ddim darllan, medda Nain. Fu hi rioed yn 'rysgol. Braf 'tê?'

Doedd hi ddim yn syndod felly mai'r *Llyfr Emynau* oedd hyd a lled ei llyfrgell, ac fe'i cadwai'n ofalus wrth ymyl y pot asbidistra ar y bwrdd bach ger drws y pantri. Felly y bu pethau yno er pan briododd Jini, gyda phopeth yn ei le yn ei chegin. Nid bod lle i bopeth yno chwaith canys yr oedd y shianti'n rhy fychan o'r hanner. Rhwng y seidbord a'r cwpwrdd cornel, y cwpwrdd gwydr a'r organ, y bwrdd crwn a'r pedair cadair, y ffendar, y ddwy gadair freichiau a'r soffa, doedd dim lle i ddyn newid ei feddwl yno. Bron na ddywedech fod y dodrefn yn prysur gau eu perchennog allan o'i haelwyd ei hun, ond doedd y rheiny, afrifed oeddynt, yn dda i ddim ond fel cyfryngau i arddangos yr ornaments.

Ac yr oedd ganddi fyd hefo'i hornaments. Roedd Lei wedi ennill peth hylltod ohonynt wrth saethu yn y sioe fach yng Nghemaes bob ha'. Yr oedd rhai o'r lleill, doliau, clychau, potiau, jygiau, wedi dod yn offrwm ambell Ddolig gan gymdogion, yn gywreinion o'r bererindod fawr flynyddol i Ffair Borth neu'n ysbail derbyniol o leoedd pellennig fel y Marîn Lêc, yr Happy Valley, Caernarfon neu Bwllheli ar ddiwrnod trip. Cafodd y dylluan wen yn y câs gwydr ar yr organ yn dâl am warchod hen wraig y Salbri, a'r ddau gi o boptu o'r Hald — am hel llond piser o fwyar duon i Meri Huws rhyw dro. Roedd ganddi ormod o feddwl ohonynt i sylweddoli'r hyn oedd yn amlwg i bawb arall, mai taclau digon di-werth oedd y cyfan. Iddi hi, anrhegion buddiol gan bobl ffeind oeddynt i gyd a phob un yn dwyn i go' ryw stori neu dro arbennig yn ei bywyd. Oedd yn wir, yr oedd mwy o'i hanes hi wedi ei argraffu ar yr ornaments nag ar ddim a feddai. Yr oeddynt hefyd, gwaetha'r modd, yn dystion huawdl i'r ffaith ei bod hi wedi dangos peth wmbredd mwy o haelioni tuag at ei chymdogion nag a ddangosasant hwy ati hi. Wel at rywrai beth bynnag. A minnau, rwy'n ofni, yn eu plith.

Fe'm cadwodd mewn stampiau am flwyddyn gron ar ôl i mi adael cartref.

'Cofia sgwennu i dy fam 'ngwas i,' oedd ei chyngor ar ddechrau bob tymor wrth iddi wthio llyfr coron i'm llaw.

Unwaith y clywai hanner achlust fod cwpwl yn rhywle'n sôn am briodi, fe âi yno fel powltan hefo pâr o dyweli wedi eu lapio yn *Y Clorianydd*, ac yr oedd deall bod hogan y fan-a'r-fan wedi sleifio i syrjeri'r hen Ddoctor Jôs yn ddigon iddi amau'n syth bod drwg yn y caws, ac yn ddigon hefyd i'w gyrru ar frys i'r Siop Fawr i brynu tegan clwt.

Ond oddeutu'r Dolig yr oedd hi brysuraf, er bod ei Dolig hi'n dechrau'n syth ar ôl y Diolchgarwch. Yr oedd Abal Ifas a hithau'n deall ei gilydd i'r dim. Rywbryd tua chanol Hydref câi wahoddiad ganddo i'r llofft uwchben y siop a hi gâi'r dewis cyntaf o'r holl drugareddau y bwriadai eu rhoi ar y farchnad agored ymhen deuddydd. Doedd yr un dyn busnes tebyg iddo.

'Does raid i neb wybod dim Martha Wilias bach,' ddywedai

Abal, 'rydach chi'n onast fel dur. Dwi'n eich nabod chi'n iawn. Ydach chi ddim yn cofio'r llynadd? Mi roeddach chi wedi hen orffan setlo cyn diwadd Mawrth ac mi fydd gen i wya' Pasg nobl erbyn hynny, dim ond i chi eu gordro'n nhw'n ddigon buan yntê.'

'Ma'r hen Abal yn dy weld ti'n dŵad o bell.' Dyna fyddai rhybudd Blod Pen Cae, ac yn wir fe deimlai hithau ei bod hi'n gorfod talu drwy'i thrwyn am ambell i beth weithiau, ond roedd ganddi argyhoeddiad ei fod o'n stwff da er hynny.

O drugaredd doedd yr un o'i phlant yn gwybod am ei gwario. Enigma felly fu Wias erioed, un a rannai ei chalon ond ei bod hi'n ganmil caredicach hefo estroniaid na'i theulu hi ei hun. Ond yr oedd hi wedi pregethu digon nad oedd hi eisiau gweld yr un ohonynt yn medlian yn ei busnes hi, hyd yn oed os oedd hi weithiau'n ei theimlo hi'n anodd i dalu'i ffordd. Wedi'r cwbl doedd raid iddi ond gwasgu ar ei bol am bwl, a byw ar bennog picl am ddau neu dri o Suliau i fod yn gadwedig.

Yn ystod y tair wythnos gyntaf o Dachwedd fe âi ati'n ddeheuig i gael gwared â holl gynnwys y guddfan o dan wely'r siambar, ac yr oedd un neu ddau go graff wedi bod yn astudio'i thacteg yn ofalus ac yn hen gyfarwydd ag arwyddion yr amserau pan âi Santa Penllaingoch ar ei hynt drwy'r pentre. Gadawai'r bwthyn ar ei chodiad gan gerdded yn dalog i fyny Allt Capal, ymlaen wedyn heibio'r ysgol a Bryn Alma ac i lawr Allt Pant y Coli i gyfeiriad Pedair Croeslon, heb gymryd arni wrth neb fod rhywbeth go sylweddol ynghudd ym mhlygion ei siôl.

Ar y cyrion y cychwynnai wagio — ym Mryn Pabo, Pen Padrig neu Ffynnon Fari, un ymweliad y tro gan weithio'i ffordd yn ôl ac yn nes i'r pentre bob dydd. Ac yr oedd y cynllun yn gweithio'n sobor o dda, canys yr oedd hi'n siŵr o gael ei chinio, ac weithiau ei the, ar bob aelwyd, onid oedd pobl ddiarth wedi galw o'i blaen.

Pan ddigwyddai hynny fe fyddai'n troi am adre'n ddigon tinfain heb gymryd arni beth oedd amcan yr ymweliad, heb agor y siôl ac â'i gafael yn sicrach yn yr hyn a oedd wedi ei guddio ynddi.

Ond er ei holl haelioni, yr oedd hi'n ddigon parod i gyfaddef mai rhoi er mwyn cael oedd egwyddor sylfaenol ei bywyd hi — 'Dyna fi wedi cael glan arni am flwyddyn arall — derbyn y bydda' i bellach,' ac oni châi gystal stwff ag oedd hi wedi ei roi, fe fyddai erbyn dechrau Rhagfyr wedi magu tagell braf yn sgîl yr holl gladdu ar aelwyd wahanol bob dydd . . .

Dim ond llond dwrn o'i chydnabod, fodd bynnag, aelodau y cylch cyfrin, y llawiau agosaf, Mam, Meri Preis Llainganol, Blod Pen Cae a Gladys Cerrig yr Eirin a gâi wahoddiad i Penllaingoch am brydyn. Ac unwaith yn y pedwar amser y teimlai fel paratoi fishit, er na chaen nhw byth fynd yno hefo'i gilydd, na chwaith bob yn ddwy — ond fesul un bob tro. Ac yr oedd pawb yn gwybod yn burion beth fyddai ar y fwydlen pan ddywedai hi, 'Dowch draw am sgram.' Agor tùn 'pysgod bach' o Siop Deck a wnâi a sodro pedwar sardîn ynghyd â thair tafell o fara menyn ar bob plât. Câi'r cyfryw basgedigion eu dilyn gan ddwy wicsan a llond gwlad o fisgedi Mari, a'r te bob amser heb siwgr ynddo. Yr oedd wedi rhoi'r gorau i gymryd siwgr er cyfnod y dogni ac roedd silff ucha'r cwpwrdd gwydr, yn arbennig y ddau alarch a'r iâr ddu a'r esgid las yn dangos mai hi a fu y tu clytaf i'r clawdd ar ôl y bargeinio cyfrwys a fu rhyngddi a theulu Llanol a Thŷ'n Rhos bryd hynny.

Te a chrîm cracar yn unig oedd ar gyfer pob un o'r genod pan ddigwyddent hwy ddod adre i edrych am eu mam. Roedd golwg rhy iach ar bob un ohonynt wir, iddi hi wneud tŵr, melin ac eglwys o bethau. A sgotyn i bob arab o blith yr wyrion! Magwyd ei chriw hi ar sgotyn, y prydyn bach mwyaf maethlon nad oedd yn cymryd ond eiliad i'w baratoi — dau neu dri o grystiau a'u malu i gwpan, dyna'i gyd, ond bod tipyn o ddŵr poeth wedi ei dywallt drostynt ynghyd â lwmp o fenyn a phinsiad o halen neu bupur neu'r ddau, i roi min ar ei flas.

Ond oni allai droi ei llaw at wneud bwyd yr oedd hi'n giamblar am gyflath ac o'i hysgwyddau'n uwch na neb, hyd yn oed mewn ardal lle'r oedd y gystadleuaeth yn un ffyrnig. Byddai'n rhaid cribinio'r ynys drwyddi draw i gael ei gwell. Hi oedd yr awdurdod derfynol, y Frenhines na lwyddwyd mewn hanner canrif i'w diorseddu, y bencampwraig gydnabyddedig y byddai Callard a Bowser ac Allenby, pe gwyddent, wedi sathru'i gilydd yn eu hymryson i'w chodi'n un o'u cyfarwyddwyr. Ac ni chadwodd hi'r gyfrinach rhag neb chwaith. Roedd croeso i'r sawl a fynnai'r risait ei gael, dim ond iddo ddeall wrth reswm na allai hi ei sgwennu ar bapur, ac er mai ym mherfeddion nos yr âi ati hi fel arfer, doedd dim i rwystro'r un enaid byw rhag troi i mewn i'w gweld wrth ei gorchwyl. Ond er i bob egin-wneuthurwr cyflath o bob cwr dyrru yn hyderus yno, yr oedd ei obeithion ymhen llai na deuddydd yn chwilfriw ynghanol llanast ei ymdrechion carbwl, a'i choron hithau'n aros yr un mor solat ag erioed. Yn wir, fe ddeil rhai o hen frodorion y Cen o hyd i gofio'n hiraethus am ambell i becyn mewn papur sidan a adewid ar garreg eu drws oddeutu'r Calan, a heddiw fe fodlonwn innau i dalu crocbris, dim ond am y mymryn lleiaf o gyflath du Wias Penllaingoch.

Ac fel yr oedd yn weddus i bob cymdeithas wâr fe werthfawrogwyd ei thalent yn y cylchoedd uchaf, er i rai ddadlau i'r anrhydedd yn ei hachos hi ddod braidd yn hwyr. Pinacl ei gyrfa oedd ei gwahodd i roi arddangosfa — *demo* oedd gair Miss Hilda Parri'r Llywyddes am y peth — yng nghyfarfod Rhagfyr cangen y pentre o Sefydliad y Merched. Doedd hi erioed wedi breuddwydio y dôi'r fath beth i'w rhan hi o bawb, canys roedd o'n fwy o gydnabyddiaeth na phetai eli'r hen Huw Jôs Pant y Mêl at wella'r eryr wedi derbyn bendith y Gymdeithas Feddygol Brydeinig. Fe brynodd ffrog newydd o lyfr J.D. Nansi Pritchard, Llys Gwynt ar gyfer yr achlysur ac fe dalodd ar law amdani. Tybiodd rhai iddi droi'n wraig fawr am sbel ar ôl hynny ond nid heb achos chwaith — wedi'r cyfan doedd pawb ddim wedi dringo mor bensyfrdan o uchel â hi.

Mewn llai nag wyth mis wedi'r noson fawr yn y Dybliw Ei fe gaed dathliad cofiadwy arall, a bu raid prynu ffrog o Preis Jôs y tro hwnnw canys roedd hi'n benderfynol o edrych fel polas i ddathlu'i phedwar-ugain. Daeth y cardiau o bob cyfeiriad, gryn ddau ddwsin onid mwy; un oddi wrth Manw hyd yn oed. Cneithar Tomos Defi oedd Manw. Doedd Wias ddim wedi ei gweld ers pymtheng mlynedd. Yn wir yr oedd wedi hen dybio bod Manw wedi'i phacio hi ers pobeidiau. Dylifodd yr ornaments fel nad oeddynt wedi dylifo erioed o'r blaen nes bod y seidbord yn gwegian o dan eu pwysau, ac am nad oedd lle iddynt yn y gegin bu raid gosod y gweddill, yr amrywiaeth ryfeddaf o blatiau a gwydrau a chŵn a chathod a cheffylau a cheirw, naill ai ar y bwrdd molchi yn y siambar neu, er mawr ofid iddi, ar bennau'i gilydd ar ben y cwpwrdd pres. Ac fe baratodd Meri Llainganol wledd i'w chofio ond roedd hi'n drueni fod Lei, yn ôl ei arfer, wedi styrgaitsio gormod ac wedi cael beil y bu am dridiau'n dioddef oddi wrth ei effeithiau . . .

Fu 'na fawr o drefn arni byth ar ôl hynny meddan nhw. Mae'n wir na chaed i gychwyn fawr o arwyddion fod dim o'i le ond aeth yn dawelach, ac fe dueddai i aros fwy nag arfer yn y tŷ i bendympian.

Wedi mynd yn ddi-waed yr oedd hi meddai Doctor Hywel ac fe roddodd botel o donic i'w fflonsio, ond nid dyna farn Blod Pen Cae.

'Wedi llwgu'i hun ar hyd y blynyddoedd y mae'r hen slaf bach, ac wedi byw am ormod o amsar ar sgotyn a phennog picl a lobscows pen nionyn.'

'Choelia' i fawr,' taerai Gladys Cerrig yr Eirin, ''rhen bartis gythra'l 'na sy' wedi ei bwrw hi oddi ar 'i hechal.'

Ond tua'r Dolig fe synhwyrodd pawb fod dirywiad mawr wedi digwydd oblegid phrynodd hi ddim i neb, dim hyd yn oed forthw'l sinc i fabi newydd Gwyneth Tŷ'n Llan. Wnaeth hi'r un tamaid o gyflath chwaith . . .

Lisi Gruffydd Sgubor, yn hwylus reit, a ddigwyddodd alw ar ei ffordd i Foddiannau Dechrau'r Flwyddyn ryw noson a'i chael yn farw ar y soffa. Lisi oedd yn arfer diweddu pawb, a doedd waeth ganddi olchi corff Wias mwy na neb arall. Paratodd Blod banaid o de tra bu hi wrthi —

''Rhen giansar wsti Blod,' ebe hi'n oraclaidd, 'wedi byta'r hen dlawd, er mi roedd hi'n lân fel lili chwara teg iddi.'

* * *

Lei oedd i gael y bwthyn, a'r gweddill i'w rannu rhwng y merched; a doedd hi ddim wedi oeri nad oeddynt i gyd, fel eryrod, yn disgyn yn wancus ar y lle. Lisi gymerodd y tebot lystr er bod crac yn ei big, a Jini gafodd y ddau gi oedd ar yr organ. Penderfynodd Elin fynd â'r ffendar bres fel rhywbeth i'w gofio ac fe berswadiwyd Nan, yn erbyn ei hewyllys, i gadw'r lamp baraffîn. Doedd hi ddim ond yn gobeithio y rhoddai Digby y *Den of Antiquity* ryw buntan amdani. Bu'r lleill yn lloffa hefyd ond penderfynasant nad oedd dim byd arall yno'n werth i fynd i'r helbul i'w gludo oddi yno. Ond dyna fo, yr oedd eu cydwybodau nhw'n ddigon tawel. Nid heb gryn drafferth yr aethant i'r cnebrwng a rhyngddynt fe roesant werth pumpunt o flodau ar fedd yr hen graduras.

Bwriwyd y gweddill, y cwpwrdd cornel a'r seidbord, y jestar drôr, y cwpwrdd gwydr a'r cwpwrdd pres, yr organ, y gwely, y soffa, y bwrdd molchi a'r cadeiriau breichiau, a'r ornaments, yn ddiseremoni i lori Huws y Glo ac fe aed â nhw i Amlwch. O fewn y mis yr oedd Charlie'r Ocsiwniâr wedi eu gwerthu a medrwyd crafu digon i dalu treuliau'r claddu ac am osod carreg goffa arni ym mynwent Bethlehem . . .

Dim ond tridiau fu Penllaingoch ar y farchnad nad oedd o wedi ei werthu i fancar a'i wraig o Ashton in Makerfield,

'Petha clên ddiawledig a chysidro mai Saeson ydyn nhw,' meddai Lei, pan ddigwyddais daro arno yn ei Rofer newydd chwe mis yn ddiweddarach.

Robin 'Rengan Las

Pwy fasa'n meddwl mai un tebyg i'r cwlin sy'n eistedd ar dde eitha'r rhes ffrynt enillodd y Rhyfel Mawr ar ei liwt ei hun bron!

Doeddwn i ddim wedi bod ar gyfyl y lle ers blynyddoedd tan y diwrnod hwnnw. Pnawn braf ar ddechrau'r hydref oedd hi a minnau wedi cychwyn wysg fy nhrwyn hyd Lôn Isa ac wedi'm cael fy hun, megis yn reddfol, yn troi i'r chwith ar ben Allt 'Refail Talcen Eiddew. Mynd heibio'r Drum Rhedyn a sylwi bod rhywun ar drywydd petris yno yn y cae dan tŷ. Yr oedd y tymor saethu wedi dechrau ers deuddydd ac yr oedd rhywun ar drywydd rhywbeth yn y Ponciau Gleision yn ogystal. Oedd yn wir, yr oedd yr hen olwyn gribin yn dal i gau'r adwy gyferbyn â Phant y Mêl er ei bod wedi camu mwy a rhydu'n gochach erbyn hynny. Edrychai Pant y Gwŷdd yn rhy raenus i neb a gofiai'r lle ugain mlynedd ynghynt dybio mai Dwalad a ddaliai i fod yno o hyd, ond erbyn meddwl yr oedd yr hen greadur wedi ei gladdu ers dwy flynedd. Dafydd Tan y Fynwent a ddaethai o hyd iddo wedi fferru'n gegoer yn y cae rwdins.

Ond doedd 'Rengan Las wedi newid dim. Tŷ sgwâr pedair ffenest, dwy i bob llawr a drws yn ei ganol, 'run fath yn union â degau o rai tebyg y buom yn benseiri eiddgar yn eu cynllunio yn Nosbarth y Babanod lawer tro, a sgubor yn cydio'n ei dalcen, beudy yn nhalcen honno, stabal wedyn, yna'r hoewal a'r cyfan yn disgyn o ris i ris nes cyrraedd y cwt mochyn.

Gwyddwn y byddai'n drosedd anfaddeuol yng ngolwg Robin pe dôi i wybod 'mod i wedi mynd heibio heb alw a dyma benderfynu troi i mewn. Dim ond am bum munud.

Mymryn o ras a chortyn beindar wedi breuo a gadwai'r giât haearn ar gau, a dim ond y llwybr troed culaf ar hyd ei chanol a gadwai'r ffordd at y tŷ ar agor. Pe troediai dyn oddi arno fe fyddai at ei geseiliau mewn mieri a danadl poethion. Fe ffrwydrodd iâr ffesant yn stwrllyd o'r drysni fel y stryffagliwn at y drws y bu ei berchennog am hydoedd yn ei agor.

'Sut ydach chi heddiw Robat Ifas?'

'Go lew. Go lew, er nad ydw i'n nabod dim arnach chi chwaith.'

Ymsythodd yn hanner bygythiol cyn i mi ddweud —

'Wil! Wil, Pengraig Robat Ifas.'

'Hogyn Now? Wel paid â sefyll yn y fan'na. Faswn i byth wedi dy nabod di. Be 'di'r gwallt 'na sgin ti d'wad?'

Ac i mewn â mi drwy'r lobi gan sylwi bod y pot siambar gwyn ac ymyl glas a oedd wedi colli'i glust, yn hanner llawn ar un o risiau'r llofft. Doedd Robin rioed wedi arfer hefo ryw lawer o foethau. Lle felly oedd 'Rengan Las gyda'r nesa peth i ddim cyfleusterau yno, ond roedd yn dda iddo wrth y jeri canys yr oedd hi'n daith diwrnod sabath i waelod yr ardd ar bob tywydd ac yntau'n mynd i oed.

'Stedda yn fan'na,' meddai pan ddaethom drwodd i'r gegin gan gyfeirio'n ddidaro at gadair bren ddiglustog wrth ymyl y bwrdd, 'ma'n well i ti honna na nacw hefo bob sbring yn 'i chrombil hi wedi'i falu.'

Yr oedd y soffa focét lle gorweddai cath drilliw, hithau wedi gweld ei dyddiau gwell, tra safai ffrâm cloc wyth niwrnod nad oedd iddo na wyneb na pherfedd ar y pared pellaf, ac wrth ei ochr gwpwrdd gwydr wedi cracio a heb ddim ar ei silffoedd ond dau gloc larwm, y naill awr a hanner yn fuan a'r llall ugain munud yn araf a hefyd dair potel ffisig ac un botel o gordial gwyrdd wedi gwaelodi. Llithrodd yntau i'w gadair freichiau yn y gornel gan orffwyso'i draed ar stôl odro oedd yn fyw o dyllau pryfaid ar y mat racs o flaen y tân. A phrin y gellid gweld ei wyneb canys yr oedd hi'n llwyd dywyll yn y gegin. Eisteddai â'i gefn i'r golau ac fe rwystrai anferth o goeden ffenest sychedig, mynawyd y bugail gallwn feddwl, ynghyd â photel o ffisig annwyd *Castellan No. 10*, tun coch o *Osmond's Blood Salts* a dwy gist de i ddim mwy na dau neu dri llygedyn i dreiddio drwodd.

Creadur byr o gorffolaeth oedd Robin, stordyn larts nad oedd ganddo amheuaeth o gwbl fod popeth arall a berthynai iddo ar raddfa fawr — y 'grand scêl' chwedl yntau. Prin y codai'n bum troedfedd yn ei glocsiau ac roedd o'n grwn fel esgob neu belen fagnel ag ôl traul go arw arni. Pen fel tarw, heb na gên na gwddw a dau lygad mochyn. Doedd dim arwyddion ei fod wedi eillio nac ymolchi ers o leia bythefnos ac yr oedd cefn ei ddwy law fel ei siwt nefi blŵ, yn arbennig y wasgod a oedd wedi colli'r cyfan ond dau o'i botymau, fel nyth gialchan, yn sgleinio hefo baw wedi hen gramennu. Wn i ddim beth wnâi i ddyn feddwl am un o broffwydi'r Hen Destament wrth edrych arno yno'n llenwi'i gadair, Amos hwyrach neu Jeremeia, neu'n wir am hen gadfridog wedi chwythu'i blwc. Edrychai'n fwy ffoglyd hyd yn oed na Napoleon ar ôl ei alltudiaeth. Yr oedd un peth o leia'n ffaith, nad oedd o'n debyg i neb meidrol cyffredin. Fo oedd yr oracl lleol a 'Rengan Las yn Ddelphi'r dyn cyffredin; creadur baldorddus, awdurdodol ei drem, cryptig ei sylwadaeth, o ddoethineb digwestiwn, awdur traethiadau anffaeledig. Doedd o'n brin o ddim oll ac eithrio efallai fymryn o hiwmor, a'r ambell wên a roddai, fel eiddo Robert Peel, yn ddim namyn claspiau pres ar gaead arch. Ond gallai wneud heb hiwmor yn iawn. Wedi'r cwbl, doedd 'na ddim amsar i wamalu a'r byd yn y fath gyflwr, a chymaint o angen rhoi trefn arno.

Fe gofiwn yn dda nad oedd o'n od o gymeradwy hefo ni pan oeddem yn blant. Pe digwyddai i un ohonom ddim ond gosod ei droed ar un o'i gaeau bryd hynny fe ddôi allan ar y cowrt i gau'i ddyrnau ac i frygowthan fel dyn o'i go'. Ond ni fuom fawr o dro nad oeddem wedi cael ar ddeall ei fod o'n picio i Lanrhuddlad i edrych am ei chwaer ar ambell i nos Wener ac unwaith y caem wared ag o, aem yno'n heidiau i botsio ar ei dir, i wylltio'i fustych, i ddwyn ei falau ac i bwmpio cerrig at ei ieir. A swatio o'r golwg pe digwyddai iddo alw hefo llythyr fore trannoeth . . .

'Sut ydach chi wedi bod yn cadw Robat Ifas?'

'Gwell y dyddia dwytha 'ma. Fe fu'r hen ben-glin 'ma'n brifo'n gythgiam ond mi ofynnis i'r Hollalluog wneud rwbath ynglŷn â'r peth. A mi na'th chwara teg iddo fo.'

'Pwy 'di'ch doctor chi?'

'Doctoriaid wyt ti'n 'i feddwl. Tacla Amlwch 'na. Da i ddim. Hyd yn oed yn y rospitol yr oeddan nhw'n methu'n glir â nallt i.'

Roeddwn yn awyddus i osgoi'r rhestr hirfaith o fanylion gwaedlyd am y driniaeth lawfeddygol yr oedd wedi ei chael ddwy flynedd ynghynt a dyma geisio dilyn trywydd arall —

'Ond mi rydach chi'n medru edrach ar eich ôl eich hun yn iawn?'

'Ydw'n rhyfadd. Taswn i'n gwbod bod gwaith howscipar mor hawdd mi faswn wedi gwisgo pais ers pobeidia.' A rhoddodd chwerthiniad gyddfol am ben ei arabedd clyfar ei hun.

'Faint newch chi rŵan?'

'Dwy a phedwar ugain. Roeddwn i'n hŷn na dy dad o ddau ddiwrnod — ond sut mae dy howscipar di — wyt ti wedi priodi d'wad?'

'Do.'

'Sgin ti blant?'

'Un hogan. Ma' hi bron yn flwydd.'

'Doeddat ti ddim yn ddigon smart i gael hogyn felly? Neu mi fuost yn rhy frysiog. Isio i ti gymryd pwyll sy'.' Chwarddodd fel crwnsiar gwag drachefn.

Tybiais innau mai'r dull effeithiolaf o'm hamddiffyn fy hun oedd drwy ymosod —

'Ddaru chitha fawr o lanast o betha chwaith; fu ganddoch chi ddim un.'

Ymatebodd yn ffyrnig —

'Paid â chyboli'r llymbar. Fe fu gynnon ni dri — hogia braf bob tro, ond eu bod nhw wedi marw ar enedigaeth.'

Am yr unig dro'r pnawn hwnnw teimlwn fod awgrym o gracio'n ei lais, ond o fewn dim yr oedd wedi tagu pob teimlad ac wedi adfer ei hunan-feddiant —

'Dwi'n deud wrthat ti nad ydi'r doctoriaid 'ma'n dda i ddim. Doeddan nhw ddim gwerth radag honno chwaith. Taswn i wedi galw ar Eban Creigiau Bach, mi fasa fo wedi medru gneud rwbath. Roedd o'n rêl bôi hefo defaid. Dyna lle bûm i'n flêr, wel'di.'

Bu'n ŵr gweddw ers hanner can mlynedd a doedd o rioed wedi ystyried ailbriodi chwaith er i bentyrrau o ferched, medda fo, ddangos awydd i aberthu popeth er mwyn cael neidio at y cyfle. Fe aeth un neu ddwy mor bell â mynd yno'n un swydd i'w cynnig eu hunain iddo, ond gwrthod wnaethai a wyddai neb pam er bod rhai'n lled amau nad oedd Robin yn rhy awyddus i losgi ei fysedd eilwaith. Yn ôl y si, yr oedd o dan fawd y musus pan oedd hi o gwmpas ei phethau. Yr oedd John y Dymchwa wedi clywed y fistras yn ei gaddo hi hefo twca iddo fwy nag unwaith a doedd Robin ddim am herio trefn rhagluniaeth yr ail dro ar ôl cael gwaredigaeth mor wyrthiol y tro cyntaf!

'Dew, ma'r hen bentra 'ma wedi newid llawar yn y blynyddoedd dwytha 'ma Robat Ifas.'

'Ydi, ma'r rhan ora' ohono fo yn y fynwant 'na bellach.'

'Siŵr o fod. Wyddoch chi be, mi fasa rhywun yn medru sgwennu cyfrola am yr hen gymeriada oedd yn byw yma ers talwm.'

'Wel, pam na nei di 'ta? Rwyt ti'n ditsiar yn dwyt? I fod.'

'Wias Penllaingoch, Ned Huw Tyddyn Creigia a . . . '

'A finna decin i. Fasa'r un llyfr yn deilwng heb o leia bedair pennod amdana' i.'

'Wel, na fasa debyg.'

'Dwi'n deud wrthat ti. Mi allat sgwennu amdana' i fel sowldiwr i ddechra, fel crefyddwr a phregethwr a darlithiwr wedyn, heb sôn am y ffarmwr gloywa' a'r postman ucha'i barch a welodd yr hen ardal 'ma rioed.'

Fe fu'n cario'r post am ddwy flynedd a deugain. Codi am hanner awr wedi pedwar bob bore i fod yn Rhos-goch erbyn chwarter i chwech a chychwyn dosbarthu am saith a'r cap pig gloyw oedd wedi'i ystwytho gan gawodydd sawl gaea' yn clwydo'n betrusgar ar un ochr i'w ben. Ac yn rhinwedd ei swydd fel gwas sifil cyfrifol cymerodd arno'i hun i ddod i wybod busnes pawb arall drwy'r ardal. Fe ellid dibynnu arno hefyd i roi amcan lled gywir o gynnwys pob amlen cyn ei throsglwyddo i'w pherchennog —

'Siec y mochyn wedi dŵad Now. Dwi'n cofio chdi'n 'i brynu o'n gwlin gan Griff Cae Rhun. Siawns na ddaru o cystal ag un Pant y Gist?'

A phe digwyddai i lythyr fod o natur fwy personol, byddai'r un mor sicr ei ergyd —

'Llythyr o'r Mericia Maggie — gan dy chwaer. Gobeithio nad oes na'r un ohonyn nhw wedi marw 'tê? Mae 'na lot o farw tua'r Wisconsin 'na meddan nhw . . . '

Ond fel ffarmwr nid fel postman yr ystyriai Robin ei hun yn bennaf. Fe ddaliai'n bendant nad oedd yr un tyddyn yn y gymdogaeth â chystal graen arno â 'Rengan Las; ac fe ddylai o wybod canys âi o gwmpas â'i ddau lygad ar agor bob dydd. Fo fyddai'r cyntaf i hel 'i wair bob blwyddyn. Jiwn Hê heb ei well. Mae'n wir 'i fod o wedi tiwnio i mewn i gynlluniau tywydd y Brenin Mawr, ond dyna fo, câi pawb arall yr un cyfle. Nid fo oedd i'w feio am fod ei gymdogion yn rhai mor llipa. Ac roedd o'n ddiguro am fagu gwartheg hefyd. Fe fyddai cyffro drwy'r fro pan fyddai bustych 'Rengan Las a borthwyd ar fflêc mês ac ar wair mor arbennig yn dryllio pob record yn y sêl yn Llannerch-y-medd. Na, doedd dim dadl ynghylch y peth — y fo oedd y ffarmwr â'r graen gorau o gwmpas ei bethau o bawb yn y lle.

'Wyddost ti nad ydw i wedi byw yn yr un tŷ arall rioed? Yma yn 'Rengan y ce's i 'ngeni ac yma yr ydw i wedi bod . . . er 'mod i wedi trafaelio'r hen fyd 'ma i gyd — Cymru pob cornal ohoni, Lloegar o'i thop i'w gwaelod a Ffrainc a Werddon a'r Aifft. A Chanaan Wlad . . . pan oeddwn i yn yr Armi ers talwm.'

'O'r nefi!' meddwn wrthyf fy hun, 'dydi o rioed am ddechra ar yr Armi?' Yr oedd pawb wedi clywed y ddarlith deirawr fu ganddo ar ei brofiadau yn y fyddin. Allai'r un dewin ei ffrwyno unwaith y dechreuai arni. Y fo, yn ôl pob tystiolaeth, hefo help dau neu dri arall o'r *Royal Welch*, oedd wedi ennill y Rhyfel Cyntaf.

Soniais am fynd —

'Rydw i wedi addo bod adra erbyn pedwar,' meddwn i'n gloff. Diystyriodd Robin y cyfan. Carthodd ei wddf. Poerodd i'r tân ac ymlaen ag o —

'Mi listiais ar ôl bod yn gwrando ar Brynsiencyn yng nghapal Carraglefn yn 1916. Doeddwn i ddim ond llafn deunaw ar y pryd ac roedd y clans gwirion yno yn ei gaci. Sgin i ddim parch i'r ceubal byth. Y Depo cynta i mi oedd C'narfon ac o fan'no i Wrecsam. Yna i Os-westri i gael ein hecwipio. Ac mewn dim roeddan ni ar barêd a rhyw sarjant mejor, un o golofna synagog satan, yn sythu o 'mlaen i ac yn cau un o fotyma 'nghôt i ac yn rhoi'r fonlla fwya' ofnadwy glywis i yn fy nydd ac yn holi a oeddwn i'n un o blant yr Ysgol Sul. Ac mi atebis fy mod i gan saliwtio . . .

"Wedi bod yn dysgu caru dy blydi gelynion?" gwaeddodd wedyn, "Mi fyddwn ni wedi dy droi di'n llofrudd toc."

'Trannoeth fe gawsom ein llwytho mewn trycia glo i Marsêls ac yna mewn confoi am Alecsandria. Glanio yng ngwlad y Pharo a'r rhyfeddoda'n dechra'n syth. Cysgu mewn tent ar dywod berwedig a deffro'n y bora a gweld homar o neidar yn cysgu ar 'y mol i. Yna'i chychwyn hi am y Lein. Croesi'r anialwch mewn tridia a synnu bod Moses wedi llyffanta yno cyhyd. Wyddost ti pwy daris i arno yng nghanol y 'nialwch? Tad John yr Wya' achan . . . '

'Tewch da chi Robat Ifas.'

'Do hogyn. Duw mi roedd o'n falch o 'ngweld i. Fel tasa fo wedi cael ffortiwn achan . . . Cyrraedd Canaan! Wyddost ti 'mod i wedi bod drwy gyflafan ddychrynllyd Beerseba? Pedwar gafodd 'u harbad yn fy nghympni fi. Does fiw i mi ddeud y stori i gyd wrthat ti. Fedrat ti ddim mo'i dal hi. Does gan gybia fel chdi ddim dirnad be ydw i wedi bod drwyddo. Mi ge's gynnig dwy streipan ar ôl Beerseba ond mi gwrthodis i nhw . . . Rydw i'n cofio ni'n mynd i mewn i Emaus hefyd, pentra bach digon tebyg i Garraglefn 'ma a wyddost ti pwy welis i yn fan'no? Wil Jôs Cro! 'Ta ar fynydd Effraim oedd hynny d'wad? Mynd am Ddamascus yr oedd o beth bynnag. Brenin trugaradd, roedd ynta'n falch o 'ngweld i. Ymhen hannar awr ar ôl imi ffarwelio â Wil Jôs dyma'r sentri ata' i a deud 'i fod o mewn helbul hefo rhyw lob o Arab a daerai 'i fod o isio gweld y *General*. Dyma finna yno'n syth. Wyddost ti pwy oedd o? Mi glywist am Lawrence o Arabia debyg? Nid un o Borthmadog 'cw oedd o d'wad? Do, mi gwelis i o yn y cnawd. Cofia di roedd 'na lot o chwinc ynddo fo meddan nhw.'

Ymhen rhyw ddeng munud cododd o'i gadair a chan ddal ati i siarad llusgodd at y bwrdd oedd wedi ei hulio â rhifyn y Dolig cynt o'r *Herald* ac arno un cwpan, un soser ac un plât, hanner torth, darn o Fenyn Cymru, potel lefrith, tun mawr o driog du, tun bach o driog melyn, paced o feicarbonet o soda a Beibil racsiog oedd yn friwsion drosto. Yr oedd y tecell haearn wedi bod yn ffrwtian ers meitin ac fe dywalltodd lond gwniadur neu ddau o ddŵr poeth i'r tebot aliwminiwm gwag cyn ei sodro'n annisgwyl ar ganol y tân —

'Rhaid cnesu'i ben ôl o gynta,' meddai'n swta a'i adael yno am sbel. Dechreuodd dorri'r dorth yn ddefosiynol, tair tafell i gyd, clyffiau tewion fel gwadnau clocsiau ac ymhen hir a hwyr aeth ati i lenwi'r tebot. Ond cyn gwneud paned iddo'i hun tywalltodd beth o'r te i gefn y grât gan beri i gwmwl gwyn saethu i fyny a disgyn yn gawod dros y ffendar a oedd eisoes bron o'r golwg mewn trybolau o lwch. Tynnodd ei gap a'i osod ar y Beibil, a thynnu ei ddannedd isa' a'u gwthio i boced ei wasgod. Taenodd beth o'r triog du dros y frechdan a dechreuodd sglaffio bob yn ail ag yfed ei de'n swnllyd o'i soser . . .

'Lle roeddwn i d'wad? O! ia, yn Beerseba 'tê. Mi ge's f'anafu yno ac mi aed â fi i'r rospitol yn Alecsandria. Ond mi ddois ataf fy hun ac mi gawsom un tun o fwli bîff rhwng deuddag ohonon ni i ginio Dolig 1917. Wyddost ti mo d'eni 'ngwas del i.'

Dechreuodd fynd i hwyl. 'Do, mi welis i'r Ddinas Sanctaidd wedi ei mathru gan y Cenhedloedd, y ffieidd-dra anghyfaneddol y mae'r Hen Lyfr yn sôn amdano. Dydi o'n syndod yn y byd fod pobol yr ardal 'ma wedi gwirioni ar fy mhregath fawr i ar yr Armagedon. On'd oeddwn i yno neno'r Tad?'

Ac aeth yn ei flaen i raffu cyfresi o gelwyddau golau.

'Tua dechra 1918 roeddwn i'n ôl yn Ffrainc, a'r diafol oedd y fforman yn fan'no hefyd. Mi welis i'r angylion ym Mons. A dyna chdi Arras, y lle mwya' melltigedig o'r cwbwl. Dwi'n cofio mêt i mi'n cael 'i chwthu yn Arras nes bod 'i ben o'n gorwadd gryn hannar canllath oddi wrth 'i gorff o. Pan ddistawodd petha, dyma gythru i'w hel o at 'i gilydd. A choelia ne' beidio dyma ben y cradur yn gweiddi arna' i — '*Kill me Evans*', medda fo. Ia wir achan. Ond mi ge's lond 'y mol ar Arras a ryw noson, yn un o'r ffosydd, dyma fi ar fy nglinia — "Arglwydd mawr," meddwn i, "dyro shot i mi gael mynd o' 'ma." A dyma hi i mi'r munud hwnnw, twll bwlat clir drwy 'nghoes i — mi fedrat weld drwy un pen ac allan drwy'r llall. Ffaith i ti. Ac roeddwn i'n gwaedu fel mochyn . . .

'Mi ddath y rhyfal i ben yn y diwadd i bawb ond y fi. Roedd y Sin Ffeinars yn codi twrw yn Werddon ac mi es drosodd i gadw trefn ar y ffernols rheiny am bwl. Mi fûm am chwe wsnos yn Dublin heb dynnu fy sgidia oddi am fy nhraed. Efengyl i ti! A sôn am rai meddw. Er cofia di, doedd dim ond raid i mi frathu 'mhen drwy ddrws y Barics nad oeddan nhw'n sobri'n syth.'

'Tewch da chi Robat Ifas. Be oeddach chi erbyn y diwadd felly?

Ma'n siŵr eich bod chi wedi dringo'n o uchal.'

'Preifat o hyd was. Cofia di mi ge's gynnig y V.C. ar ôl Beerseba ond doeddwn i ddim isio ryw rubana gythral. Isio dod adra i 'Rengan yr oeddwn i.'

Gorffennodd ei de ac fel petai am fynnu profi ei fod wedi cael ei wala fe gododd oddi wrth y bwrdd a chan wthio'i frest allan dechreuodd dorri gwynt yn hunan foddhaus. Doedd fawr o waith golchi llestri ond tywalltodd ryw gymaint o ddŵr poeth i'r soser a'i hysgwyd yn bwyllog, yna trosglwyddodd y cyfan i'r cwpan, ysgydwodd hwnnw wedyn cyn bwrw'r golchion yn ddiseremoni i gefn y tân a chodi cwmwl arall o lwch dros bobman. A sychodd y cyfan yn grimp hefo gwaelod hen grys caci a ddigwyddai fod yn hwylus wrth law.

'Cyn i mi gael *Demob* fachgian dyma'r Cyrnol yn gyrru amdana' i. *"Where is that man with the godly face?"* medda fo, ac mi gynigiodd bopeth i mi os arhoswn i yn y Fataliwn. Fi oedd y sowldiwr gora' oedd o wedi'i weld medda fo, ac mi roedd o wedi gweld llawar dallta. Taswn i wedi aros, ella ma' Brigadîr Ifas faswn i heddiw — ond, ac eithrio'r creithia 'ma, does gen i ddim ar ôl bellach i gofio'r holl heldrin . . . ar wahân i hwnna wrth reswm.'

Ar y pared ger y tân yr oedd ffrâm yn hongian, hithau fel popeth arall yn llawn o dyllau pryfed a'r dystysgrif o'r tu mewn iddi wedi breuo'n felyn ers cenedlaethau —

ROYAL WELCH FUSILIERS
SOUVENIR OF THE GREAT WAR.
1914 - 1918
FOR KING AND COUNTRY
PRESENTED TO ROBERT EVANS
CYMRU AM BYTH.

Dim ond hen wraig y Gwaenydog meddan nhw allai roi taw arno unwaith y dechreuai sôn am yr Armi —

'Dyro'r gora' i godlio wir Robin,' ddywedai hi, 'o wrando arnat ti'n cabarlatshio mi fasa rhywun yn meddwl mai chdi 'nillodd yr hen ryfal 'na ar dy liwt dy hun.'

Ond doedd hi ddim ar gael i ddod i'r adwy y diwrnod hwnnw a bu raid gwrando'n gystuddiol ar yr holl saga hir. Hyd yn oed ar y moesoli ar derfyn y lectsiar —

'Cofia di, fydda i byth yn lecio sôn rhyw lawar am fy mhrofiada yn yr Armi. Rhag i rywun feddwl 'mod i'n brolio 'tê . . . '

Ond wnâi o byth ymddiheuro am barablu amdano'i hun fel crefyddwr, canys yr oedd o'n bendant o'r farn fod pulpud Cymru wedi colli un o'i gewri pan ymglywodd o â'r alwad i fynd yn bostman. Yr oedd Gilgal (A) wedi cael blaenor cydwybodol ac os collwyd pregethwr amser llawn fe gaed un cynorthwyol gyda'r mwyaf hirwyntog. Roedd o wedi trwytho'i hun i'r fath raddau yn y llenyddiaeth apocalyptaidd nes bod darnau helaeth o Lyfrau Daniel ac o'r Datguddiad ar flaenau ei fysedd. A thinc escatolegol oedd i'w draethu bob tro, bytheirio am dân a daeargrynfeydd, dydd barn a diwedd byd. Fe gâi gyhoeddiad hefo ni ym Methlehem ambell dro, ac er i'r oedfa ddechrau'n brydlon am chwech doedd yn ddim ganddo fynd yn ei flaen nes ei bod hi ymhell wedi wyth. Cofiaf iddi fynd yn bum munud ar hugain i naw arno'n gorffen y tro diwetha y bu acw. Y bregeth fawr ar yr Armagedon oedd ganddo'r noson honno. Yr oedd i honno dri phen ar ddeg!

Yr oedd osgo'r pregethwr mawr arno pan gerddai i lawr y capel. Dringai i fyny i'r pulpud yn fwriadol araf gan orfodi dyn i dybio'n syth ei fod yng nghwmni un o'r Hoelion Wyth. Oddi yno edrychai'n nawddoglyd ar y gynulleidfa fel petai'n gefnder i'r Pab ei hun. Roedd arddull y pregethwr mawr ganddo a'i amseru'n berffaith fel pob pregethwr Sasiwn. Yn sicr gallai weiddi fel un ohonynt. Un peth oedd yn ddiffygiol. Petai'i grebwyll yn cyfateb i'w antics eraill fe fyddai hyd yn oed coron Thomas Charles Williams, yr eilun mawr, wedi cwympo.

Mentrais ofyn —

'Fydd y gwnidog yn galw i'ch gweld chi weithia?'

'Bydd, bob tro y bydd o isio rwbath, ond ma' Tystion Jehofa wedi bod yn ffeind tu hwnt hefo fi'n ddiweddar 'ma. Mae'r rheiny'n betha siort glenia — yn well wrtha' i bellach na'r haid tua Gilgal 'na. A fyddan nhw byth yn laru 'nghlywad i'n sôn am yr Armagedon. Mi steddan yn fa'ma hefo mi. A phetha ifanc ydyn nhw bob un.'

'Be 'di'ch barn chi am bobol ifanc heddiw Robat Ifas?'

'Mae'r rhan fwya' ohonyn nhw wedi cael gormod o addysg. A drwg mawr ydi hynny. Maen nhw wedi byta gormod o'r pren gwaharddedig wyt ti'n gweld. Ma' isio sgolar da i neud criminal da ac mi gawn gnwd o'r rheiny toc. A dyna i ti beth arall — dydyn nhw'n hidio fawr am briodas chwaith. Byw tali y byddan nhw yn y dyfodol, er cofia di, wela' i ddim o'i le yn hynny. Dyna'u hanas nhw yng ngardd Eden hefyd.'

'Tasa chi'n hogyn deunaw oed heddiw, be fasach chi. Pregethwr?'

'Wn i ddim. Roeddwn i'n dysgu fel mwg yn 'rysgol. Nid postman mi dyffeia' i di.'

'Sgynnoch chi ffaeledda' Robat Ifas?'

Craffodd arna' i fel petai wedi gweld trychiolaeth.

'Dim byd i roi poen i mi heddiw llanc. Mynd i'r Armi hwyrach, ond ar Brynsiencyn yr oedd y bai am hynny. A dydw i'n difaru am ddim chwaith. Fu gen i rioed blentyn siawns. Fûm i rioed yn hel diod. Smociais i 'run sigarét a welis i 'run gêm ffwtbol yn f'oes . . . '

Codais i adael. Yr oedd y seiat wedi parhau yn llawer rhy hir.

'Glywist ti amdana' i'n atgyfodi'r gasag honno yng Nghreigia Bach? Roedd Eban wedi llwyr anobeithio pan alwyd fi yno tua hannar awr wedi deg rhyw noson.'

'Gadwch honna tan y tro nesa Robat Ifas,' meddwn innau, gan gamu wysg fy nghefn am y lobi.

'Roedd hi wedi marw ers tri chwartar awr medda Eban. A dyma finna'n clirio pawb o'r stabal a stripio 'dat fy nghanol a gweiddi am ddŵr. "Dowch â digon o dŵr . . ."'

'Wel da b'och chi rŵan. Daliwch ati. Hwyrach y gwela' i chi eto'r ha' nesa os cawn ni fyw.'

' . . . A dyma fi'n gwthio 'mraich i mewn iddi, cyn bellad ag yr âi a throi'r cyw drosodd — a dechra tynnu . . . '

'So long ta.'

' . . . A'r bora wedyn roedd y stori'n dew yn Garraglefn fod yr atgyfodiad . . . '

Fe'i clywn yn dal i fytheirio ar ben y drws fel y brasgamwn am y ffordd. Yr oeddwn bron wedi cyrraedd y giât pan waeddodd yn swta ar f'ôl i —

'Gyrra lyfr i mi os g'nei di un rywbryd — i mi gael gweld sut siâp fydd arna' i.'

Nid bod Robin 'Rengan Las yn mynd i boeni rhyw lawer sut siâp a fyddai arno ar dudalennau unrhyw lyfr. Beth bynnag oedd llinyn mesur hogyn fenga Now Tŷ Lawr a faint bynnag o Goleg a gafodd y cwb hwnnw yr oedd Robin yn gwbl dawel ei feddwl y byddai'r ardal yn dal i gofio amdano fo wedi i bob atgof am bawb arall fynd yn angof llwyr.

* * *

Oddeutu'r Diolchgarwch, ymhen dwy flynedd arall, gelwais heibio drachefn. A chael pethau yno'n union fel y tro cynt, y jeri ar y grisiau, yr un copi o'r *Herald* ar y bwrdd a'r mynawyd y bugail yn llenwi'r ffenest fel nad oedd erbyn hynny yr un llygedyn o oleuni yn gallu treiddio drwodd i'r gegin.

'Ac mi rwyt ti wedi dŵad eto?' meddai, 'Isio mwy o ddoethineb debyg? Dyma'r feri lle amdano.'

A'r un strŷt oedd ganddo — yr Armi a'r Armagedon, Canaan wlad ac adfer caseg Creigiau Bach. Dim ond am chwarter awr y bûm ar lawr y tŷ y tro hwnnw a ddaeth yntau ddim i'r drws wrth i mi adael, dim ond sythu'n ei gadair a chwifio un o gylchgronau Tystion Jehofa'n fygythiol ata' i.

'Wela' i mo'no chdi eto m'wn — yr ochor yma beth bynnag, ond dwyt ti ddim yn rhy glyfar na fedri di wrando ar gyngor gan un sy'n gwbod llawar mwy na chdi . . . mi rwyt ti'n sionc fel hedydd heddiw llanc, mi ei o 'ma'n llon ac yn llawan, ond gwylia dy drwmbal a phaid, os wyt ti'n gall, â dilyn yr Ioan Calfin 'na i golledigaeth . . . nid aiff y genhedlaeth hon heibio cofia! Dos rŵan.'

Yr oedd o wedi golchi'i ddwylo'n derfynol. A welais i mohono byth wedyn er bod gen i syniad lled dda fod yr holl lu nefol yn crynu yn eu sgidiau ddechrau'r gwanwyn dilynol pan adawodd Robin 'Rengan Las i archwilio'r 'giard of honor' oedd ar gyrion y gogoniant yn barod i'w groesawu. A'r dwthwn hwnnw y cyfarfu hyd yn oed Ioan Calfin â'i Waterlŵ.

Fflos Pengraig

Dim ond ar fysedd un llaw y gellir cyfrif
pwy fu'n fwy teyrngar na'r hen Fflos.

Harri, fy mrawd, a'i prynodd hi am saith a chwech gan Wil Parry Tyddyn Cywarch a dyna sut y daeth hi acw i gychwyn. Yr oedd Harri'n gwningwr abal, yn drapiwr a gosodwr croglath medrus, yn lampiwr a ffuretwr o fri ac roedd yn rhaid wrth gi i gyfateb i'w ddawn. Mae'n wir fod Lali'n sionc, fel y gweddai wrth reswm i filgast ac nid oedd yr un raban a grwydrodd ymhell o'i daear yn ddiogel rhagddi. Ond doedd hi'n dda i ddim arall. Roedd angen cyd-weithiwr mwy amlochrog ar heliwr mor amryddawn, ac ar

Fflos y syrthiodd y coelbren.

Deunaw mis oedd hi bryd hynny, oed digon anodd canys roedd hi eisoes wedi magu un neu ddau o gastiau y caed cryn drafferth i gael gwared ohonynt; a chafodd hi fawr o groeso am blwc chwaith oblegid ni allai'r un aelod o'r teulu glosio ati. Fe fu'n ddigon sorllyd a phenstiff am bwl, a phetai rhywun yn ystod yr wythnosau cyntaf rheiny wedi cynnig chweugain amdani, fe fyddai wedi'i gwerthu. O drugaredd ddaeth 'na'r un cwsmer ac o dipyn i beth, fe ddechreuodd hithau ymgartrefu.

Bu dan ddisgyblaeth lem am gyfnod. Chlywodd hi'r un gair caredig am ddeufis, dim namyn arthio parhaus, gorchmynion milain cwta, bytheirio a bygythio, a'u heffaith yn bell gyrhaeddol am fod y cyfan, wn i ddim pam (onid hwyrach am mai hi oedd iaith awdurdod), wedi ei lefaru'n ymerodrol mewn Saesneg. Canlyniad y cyflyru beunyddiol hwnnw, y 'tyrd a'r dos', y '*lie down*', y '*stand by*' a'r '*come to heel*', fu mowldio creadur yr oedd ufudd-dod digwestiwn yn bennaf nod ei fodolaeth. Fe ddysgodd gario yr un mor rhwydd. Taflai Harri ei gap, cludai Fflos o'n ôl. Pryfociwn innau drwy daflu pêl, âi Fflos i'w chyrchu'n amyneddgar trachefn, a thrachefn a thrachefn.

O fewn dim yr oedd ei haddysg mor gyflawn fel na allai'r un gwladwr o heliwr fod â chywilydd ei harddel. Nid ei bod hyd yn oed wedyn yn weddus i gynteddau Sioe *Crufts* ond ni phryderai neb am hynny. Mwy o labradôr nag o ddim arall oedd hi ond fod peth o waed cŵn y wlad yn ei gwythiennau'n ogystal, a'r cyfuniad hwnnw ar ei orau ynddi hi wedi creu mwngral hoffus yr oedd ei gwytnwch yn hysbys i bawb, a'i dycnwch wrth hela'n ddihareb yn y gymdogaeth. Brîd go arbennig, amgenach llinach bid siŵr nag eiddo'r un pedigri.

Ac fe dyfodd rhyw berthynas glòs rhyngom ni'n dau unwaith y daethom i ddeall ein gilydd, y cymundeb agos, cyfriniol hwnnw, rhwng dyn ac anifail, na allodd neb, hyd yn oed ein gwybodusion galluocaf ei egluro na'i ddadansoddi'n foddhaol. Gallaf gyfri ar fysedd un llaw pwy fu'n fwy teyrngar na Fflos i mi. Mae'n wir mai Hormé oedd paragon yr holl rinweddau a'i fod, yn ei ddydd, yn rhagori ar bob ci arall am ei gyflymder, ei synnwyr, ei ffyddlondeb, ei bopeth, a dichon fod gan rhen Xenophon gryn feddwl ohono, ond doedd o yn neb yn ymyl Fflos. Na chi Ulysses chwaith, er i hwnnw hefyd gyflawni o leia un gamp go fawr.

Ei hunig uchelgais hi oedd gwasanaethu ei meistr ac ennill ei gymeradwyaeth. Gwyliai bob ystum a roddai a chyda'r awgrym lleiaf fe neidiai i gyflawni ei ewyllys. Roedd hi'n gyson ei hymlyniad, yn llariaidd, yn amyneddgar, yn ddiolchgar am bob arwydd o garedigrwydd ac yn gwbl annedwydd os oedd dan gwmwl. A fyddai hi byth yn dal dig pe digwyddai iddi gael cerydd am rywbeth neu'i gilydd. Yr oedd hi'n llawer parotach i lyfu llaw nag i ddangos ei dannedd.

Hi fyddai'r ola' i fynd i gysgu bob nos. Hi hefyd oedd y gyntaf i ddeffro bob bore. Ni châi neb ddod yn agos heb iddi hi'n gyntaf roi ei llinyn mesur arno i weld oedd o'n dderbyniol ai peidio. Onid oedd, gwae fo. Bu'n faen tramgwydd i ladron tyrcwn oddeutu'r Dolig lawer tro. A hi, o gofio, oedd yr unig un â'r hawl ganddi i ddod i mewn i'r tŷ. Ni châi'r un ci arall ddod dros y trothwy. Os gadewid iddynt ddod weithiau, eu goddef yn hytrach na'u cynnwys a wneid, ond yr oedd Fflos yn freiniol ac, ar gyfrif ei holl ddoethineb, wedi ennill ei lle fel un o aelodau mwyaf parchus yr aelwyd.

Ac nid yw'n syndod yn y byd chwaith fod enw ambell i gi hela gwell na'r cyffredin yn dal i berarogli mewn rhai mannau yng ngogledd Môn o hyd. Wedi'r cwbl yr oedd dal cwningod yn ystod y blynyddoedd cynnar ar ôl yr Ail Ryfel yn alwedigaeth o bwys; yn un broffidiol dros ben. Mae sawl hen bero â chelc go lew ganddo yn llechu'n lled foethus o gwmpas y lle o hyd am fod y raban wedi ei osod yn daclus ar ei draed bryd hynny. Doedd dim raid i lafnau ysgol weithio am eu pres poced yn ystod eu gwyliau ha' bryd hynny chwaith. Dôi dilyn beindar hefo pastwn am ddeuddydd â mwy o fêl i'r cwch nag a wnâi tendio am bythefnos ar bobl ddiarth. Gorau oll os oedd gan ddyn gi da i'w ddilyn a chan fod Fflos o'i hysgwyddau'n uwch na'r un o'r lleill, yr oeddwn i'n gadwedig.

Meithrinwyd ei dawn a'i diwyllio mewn ysgol galed yn ystod yr wythnosau cyntaf ar ôl iddi ddod acw, a byth er hynny hela o dan reolaeth y byddai hi bob tro. Yr oedd ganddi ffroen ddiguro a gwnâi hynny iawn am ei diffyg bywiogrwydd. Dal ei hysglyfaeth drwy ddichell a wnâi, chwilio'r brwyn a'r rhedyn yn ddigon didaro a disgyn arno'n ddisymwth; wedi ei ddal, ei orchfygu a gorwedd arno'n dawel i aros am y gorchymyn nesaf. Gallai bigo deryn wedi ei wingio i fyny mewn dim ond roedd ganddi hefyd yr amynedd i dreulio diwrnod cyfan, weithiau ddau ac weithiau'n ofer i dyrchio i berfeddion y deyerydd dyfnaf, ac y mae ei sefyll ar 'un troed oediog' gyda'i chorff cringoch wedi ei barlysu wrth farcio twmpath eithin neu wal gerrig yn atgof byw o flaen fy llygaid o hyd. Ac nid oedd drain na drysni na mieri'n mennu dim arni. Unwaith yr oedd hi ar drywydd ni allai undim ei rhwystro. Bryd hynny, gallai wibio i mewn drwy un pen ac i fyny neu allan drwy'r llall fel torpido.

Fe'm dysgodd i fod yn sylwgar ac i fod ar wyliadwriaeth barhaus yn y lleoedd mwyaf annisgwyl. Ar un adeg gwyddwn am bob gwâl yn yr ardal. Adwaenwn bob llwyn a phonc a pherth a pherllan a ffos a ffridd a phob bôn clawdd fel cefn fy llaw. Ni oedd yn dal pentiriaeth Cae Cefn Cae Rhun bob nos Fercher pan fyddai Gruffydd yn y Seiat a chaeau'r Drum Rhedyn bob yn ail nos Iau cyn i Dafydd William ddod adre o'r sêl yn Llangefni, ac roedden ni rywsut wedi hawlio Cors Salbri, Cors 'Refail a Chors Clegyrog, heb sôn am Lyn y 'Fodol a Phonciau Gleision a Pherthi Patagonia a Choed Felin Nant, y Cae Stabal, y Lleiniau a'r Orsadd. Potsio y byddem ni, Robin Gwelfor, Ken Cen Villa, Twm Llanol, Cyril, Now Stan a minnau drwy gydol hafau hirfelyn ein llencyndod a Fflos yn hoelio sylw ar ganol y darlun bob tro.

Os rhoddodd hi ambell swllt yn fy mhoced bu hefyd yn gymorth hawdd ei gael mewn cyfyngder. Ati hi yr awn i hefo 'mhroblemau, i dywallt fy nghyfrinachau dyfnaf ac i ddweud fy nghŵyn. Ac os oedd yr hogyn dan yr ordd weithiau a phe digwyddai iddo bwdu ambell dro hefo pawb a phopeth, fe fyddai hi yno'n barod i wrando. Fyddai hi byth yn edrych yn ddu, byth yn digio, byth yn chwilio am fai. Eisteddem ein dau ar y roceri wrth borth yr ardd. Gwrandawai hithau'n fyfyrgar ar yr holl brotestiadau gan ysgwyd ei phen a'i chynffon bob yn ail, ac yr oedd ei chyfarthiad cwta i ddangos ei bod yn anghymeradwyo anghyfiawnder y foment yn eli ar bob briw ac yn ddigon o swcwr i ddod â mi'n ôl at fy nghoed. Diwedd y gân fyddai picio am dro at Ffynnon Fach ac ymdynghedu yno i redeg i ffwrdd oni fyddai pethau'n newid yn reit ulw o sydyn . . .

Ond yr oedd hi'n heneiddio. Yr un pryd daethai'n amser i'r hogyn ddechrau callio, meddwl am ei fyw a rhoi ei fryd ar addysg a phethau amgenach na photsio. I goroni'r cwbl daeth y Pla ac fe sgubwyd y perthi a'r ponciau yn lân. Ychydig a ddihangodd rhagddo. Diflannodd y gwningen bron yn gyfangwbwl. A dyna Fflos i bob pwrpas wedi ei gorfodi ar y clwt ac i ymddeol.

Tua'r un adeg bu farw Jim, yr hen fastiff ffyddlon a fu'n aelod mor barchus o deulu fy chwaer yn Norfolk ers blynyddoedd. Bu galar nid bychan ar ei ôl a phan ddaethant adre i dreulio pythefnos yn Awst dyma benderfynu y caent fynd â Fflos yn ôl hefo nhw. Yr oedd y plant mor hoff ohoni. Fe fyddai'n help i lenwi'r bwlch ar ôl Jim ac fe gâi hithau dreulio hwyrddydd dedwydd mewn man hyfryd ymhell o Fôn.

Roeddynt wedi pacio'n barod y noson cynt a'r bwriad oedd cychwyn ben bore trannoeth am saith. Digon tawedog oedd pawb amser brecwast, cryn dyndra i'w deimlo wrth y bwrdd — oedi diamcan a neb am fentro datgan beth oedd ar ei feddwl. Ond mynd fu raid yn y diwedd i gyfeiliant cynghorion brwd i gymryd gofal wrth yrru'r modur ac addewidion pendant i sgwennu pwt gynted ag y byddent wedi cyrraedd adre — yna'r ysgwyd llaw a'r diolch, y cofleidio a'r cusanu cyn mynd i mewn bob un i'r car.

'Wil,' meddai Mam, 'dos ditha i nôl Fflos.'

Fel rheol yr oedd hi'n gwbl effro i bopeth a ddigwyddai o'i chwmpas ond doedd dim golwg ohoni'r bore hwnnw. Daethpwyd o hyd iddi'n swatio'n llechwraidd yng nghyrion pella'i chwt. Oedd yn wir yr oedd hi wedi synhwyro bod rhywbeth ar droed ac nid oedd yr un dewin a allai ei pherswadio i ddod allan. Cydiais yn y gadwyn i'w llusgo gerfydd ei choler. Am y tro cyntaf erioed ysgyrnygodd hithau'i dannedd. Tebyg ei bod yn sylweddoli 'mod i ar fin troi'n fradwr. Rhoddodd Mam gynnig arni ond doedd dim a wnâi hithau yn tycio chwaith. Bron na thaerwn fod deigryn yn cronni yng nghornel ei llygaid. A bu hynny'n ormod. Wn i ddim ai gwir y chwedl i sbaniel ddylanwadu ar deimladau Buonaparte ym mrwydr Castiglione ond bu'r edrychiad hwnnw, â'i llygad pŵl, yn ddigon i'n diarfogi ni.

Fe glywais drafod dysgedig lawer tro wedyn ar arbenigrwydd dyn a'i dynged ond dyweder yr athronydd a fynno, chwardded o neu beidio, cyhudded fi o'r cabledd pennaf, ond byth er hynny, does neb a'm hargyhoedda i nad oes enaid anfarwol mewn ambell i gi a bod y ddawn ganddo i deimlo a rhesymu fel ninnau. Fe fydd yn gryn syndod i mi oni fydd Fflos yn y nefoedd.

Ond, er ei bod hi wedi ei harbed rhag alltudiaeth yn Lloegr yr oedd hi'n torri'n gyflym. Arafodd blwc yn ystod y misoedd dilynol. Sylwem ei bod wedi britho'n o arw o gwmpas ei thrwyn. Glafoeriai fwy nag arfer a chollodd bob diddordeb yn y pethau oedd gynt yn cyfri. Arhosai yn ei chwt heb fentro allan ond i'm croesawu pan ddown adre ambell dro. Âi wythnosau heibio heb iddi allu codi'r un betrisen heb sôn am ei dal ac roeddem ni'n amau hefyd ei bod hi'n dechrau mynd yn fyddar canys gallai rhywun diarth, hyd yn oed y postman, ei gelyn mwyaf anghymodlon, gyrraedd o fewn tafliad carreg i'r tŷ, heb iddi gymaint â rhoi cam i'w rwystro. Doedd y cyfarth ymosodol ddim yn rhan ohoni mwyach ac am a wyddem ni, yr oedd hi'n colli'i golwg yn ogystal . . .

Deuthum adre i fwrw'r Sul un nos Wener ym mis Tachwedd. Cerdded dros y Bonc, a galw ar lwybr yr ardd fel arfer —

'Fflos. Tyrd yma Fflosan fach.'

Ond doedd dim ymateb. Cyrraedd y buarth. Nid oedd yno neb. Sylwi bod y cenal wedi ei droi wyneb i waered, ambell asgwrn a ddigwyddai fod wedi ei guddio y tu ôl iddo wedi ei godi, popeth wedi'i glirio, y gadwyn wedi diflannu, y ddysgl fwyd wedi mynd. Roedd 'nhad wedi ei chladdu wrth odre'r coed drain duon nid nepell o'r twmpathau eithin uwchlaw Pwll Capal lle daliodd ei chwningen gyntaf i'r crwt naw mlwydd oed ddeuddeng mlynedd ynghynt.

A'r noson honno, fe ddysgais innau y gall bywyd fod yn ddigon creulon ar brydiau.

Martha Grês y Bonc

Doedd Martha Grês y Bonc, yr hen greaduras, ddim cweit 'run fath â phawb arall. Prin fod ganddi hyd yn oed grap ar y llythrennau, ond yr oedd hi'n un o golofnau Bethlehem ac mewn oes faith fe lwyddodd i ddysgu un adnod ar ei cho'. A rywbryd rhwng hanner awr wedi saith a chwarter i wyth bob nos Fercher, ha' a gaea', fe ymatebai'n wrol i berswâd Tomos Robaitsh, y pen blaenor, am air o brofiad.

'Sgin ti rwbath ar dy feddwl heno 'ma Martha Grês?' Ond ddôi'r un gair o ben Martha Grês i gychwyn,

'Wel, o'r gora 'mechan i, mi ddown ni'n ôl atat ti cyn y diwadd 'ta.'

A dyna oedd yr union ddefod bob tro; Estar Pryse Treferddyn yn ddiolchgar bod yr Arglwydd wedi ei chadw am wythnos arall, Leila Cefn Brain yn sôn am y nerth a gawsai oddi uchod pan oedd 'yr hogia cw'n cwffio'r hen Gemrans 'na', a Ned Huw Tyddyn Creigiau'n porthi'n selog wrth i'w gyd-flaenor symud o sêt i sêt —

'Martha Grês, wyt ti wedi cael hamddan i hel dy feddylia at 'i gilydd? Tyrd, d'wad ryw air bach wrthan ni pan fyddi di'n barod.'

Distawrwydd disgwylgar trachefn tra byddai hi â'i phen i lawr yn troelli'i bodiau. Ac yna, fel ergyd o wn, er bron yn gwbl aneglur, fe geid *pièçe de resistance* Martha Grês —

'*Gwaed Iesu Grist, ei fab Ef, a'n glanha ni oddi wrth ein holl bechoda.*' Ac fe fyddai Tomos Robaitsh yntau, fel un o gŵn Pavlov, yn ymateb yn union 'run fath bob tro — ailadrodd y cyfan —

'Rhag ofn bod rhai ohonoch chi'r cyfeillion yn y cefn 'na heb 'i chlywad hi.' A doedd neb wedi ei chlywed hi chwaith er y gwyddai pawb yn burion pa adnod yr oedd Tomos Robaitsh yn bownd o'i hailadrodd. Ac fe gâi'r haflug llafnau yn y sêt gefn hwyl anfarwol. Roedd hi'n werth dioddef dros awr o ddiwinydda diflas dim ond i glywed Martha Grês yn mynd drwy'i strymantiau.

Pennaeth y cythreuliaid oedd Now Tŷ Lawr. Fe gâi o fwy o hwyl na neb wrth wrando ar yr un diwn gron bob tro. Hynny ydi, nes gorfodwyd yntau i ddysgu adnod ar gyfer y seiat, canys er ei fod o'n llabwst abal doedd o ddim gwerth am ddysgu pethau ar ei go'.

Bwriad Meri Owen, hen wraig 'i fam, oedd ei orfodi i ddysgu'r ail bennod ar bymtheg o Lyfr Cynta'r Brenhinoedd. I gyd. Er mwyn i'w hogyn hi fod yn siampal i'r cybiau eraill. Ac fe'i gyrrai i'r llofft am ddwyawr bob nos Fawrth i bydru arni gyda'r gorchwyl. Ond, er iddi chwifio'i gwialen fedw'n fygythiol ac iddo yntau rygnu arni am hydoedd, doedden nhw ddim gronyn nes i'r lan. Fedrodd o ddim mynd ymhellach na'r adnod gyntaf, a honno gafodd y seiat ganddo, fel larwm, am fisoedd.

'*Ac Eleias y Thesbiad, un o breswylwyr Gilead, a ddywedodd wrth Ahab, fel mae byw Arglwydd Dduw Israel, yr hwn yr ydwyf yn sefyll ger ei fron, ni bydd y blynyddoedd hyn na gwlith na glaw ond yn ôl fy ngair i.*'

Mewn dim yr oedd yr hogia'n bryfoclyd reit a 'Lias y Thesbiad' oedd o i bawb am sbel. Ond fe gododd Tomos Robaitsh yn ddrwg ei hwyl o'i wely un bore, ac yn y seiat y noson honno fe ddechreuodd geryddu rhai o'r aelodau am eu diffyg ymroddiad.

'Dydi hi ddim yn amsar i ti ddysgu rywbath newydd d'wad Martha Grês?' meddai'n gwta, 'A Now, ma'n hen bryd i titha dynnu'r gwinadd o'r blew — rydan ni wedi dechra laru ar y tywydd sych tua'r Gilead 'na . . . '

Welwyd mo Now Tŷ Lawr yn y seiat byth wedyn ac ni chlywyd mwyach yn sgoldy Bethlehem am rybudd Eleias y Thesbiad i'r Brenin Ahab. Ond fe ddyfal donciodd Martha Grês i'r diwedd i ddatgan bod 'Gwaed Iesu Grist' yn ei glanhau hi oddi wrth ei holl bechodau.

Fu Now Tŷ Lawr fawr o grefyddwr ar ôl tyfu'n ddyn chwaith ond bu fyw'n ddigon agos i'w le ac nid anghofiodd o byth yr adnod gyntaf o'r ail bennod ar bymtheg o Lyfr Cynta'r Brenhinoedd. Mae'n wir iddo gael bywyd digon caled ond yr oedd o'n eitha parod i gyfaddef ei fod o hefyd, yng nghwrs y blynyddoedd, wedi bod yn ddigon ffodus i gael peth 'gwlith a glaw' yn ogystal.

Nid anghofiodd am Martha Grês chwaith ac, er nad oedd o'n ddyn i gario'i galon na'i grefydd ar 'i lawes, mi clywais i o, ac yntau ar ei ffordd drwy Rosydd Moab, yn sôn yn atgofus fyfyrgar am hen wraig y Bonc. Ac roedd yna dinc go wahanol, go ddieithr yn ei lais y tro diwethaf y clywais i o'n adrodd y stori ac yn ei dynwared hi — *'Gwaed Iesu Grist, ei fab Ef, a'n glanha ni oddi wrth ein holl bechoda.'* Roedd yntau fel petai'n coelio'r peth bryd hynny.

Ned Huw Tyddyn Creigiau

Rwbath i'w gofio! Y plât pridd hwn fu'n addurno'r ddresar yn Nhyddyn Creigiau am genedlaethau oedd bargen orau'r ocsiwn. Gwerth tair ceiniog felan bob dimai!

Fe'm gyrrwyd i'm gwely heb swper un tro am ei alw'n Ned Huw.

'Be ddeudaist ti'r pathaw?' meddai 'nhad yn chwyrn, 'Edward Huws ydi enw'r dyn ac os clywa' i di'n hannar yngenyd hynna eto, mi gei gefn llaw nes byddi di'n serennu.'

Ond waeth faint fytheiriai 'nhad, felly yr adwaenid ef gan bawb o hogia'r Rŵm Fawr yn 'rysgol. Unwaith yr oeddech chi'n *Standard Five* roeddech chi'n ddyn, ac os gallech chi regi'n o lew, poeri'n weddol bell drwy'ch dannedd a chymryd rhan flaenllaw yn y trafod beunyddiol ar goesau genod *Standard Six*, yr oedd gennych chi hefyd hawl i alw hen lanc Tyddyn Creigiau yn Ned Huw. A doedd dim o'i le yn y peth canys felly yr adwaenid ef gan bron bawb arall yn ogystal. Ond fo oedd ein cymydog agosaf ni, a hwyrach mai am ein bod yn digwydd byw am y terfyn ag o y mynnai 'nhad roi iddo o leia barch ymddangosiadol, eithr os oeddwn wedi 'mhlygu yn sgîl bygythion yr aelwyd, unwaith yr awn i lawr Cen, Ned Huw oedd o i minnau hefyd.

A choelia' i fyth nad oedd enw lled werinol yn gweddu'n well i berchennog hen grawen sâl fel Tyddyn Creigiau nad ildiodd ei phymtheg erw o gors a grug fywoliaeth fras i'r un enaid rioed. Nid nad oedd y ddau ers blynyddoedd wedi dod i delerau â'i gilydd. Doedd dim peryg i stoc o ddim ond tair o fuchod esgyrnog na fyddai'r un Hindŵ â chywilydd eu harddel, hanner dwsin o ddefaid, Ted y merlyn, hwch focha a dyrnaid o ieir, wneud fawr o argraff hyd yn oed arni hi na bod yn ormod o straen arno yntau. Ac ni allai ei phonciau eithin fod yn rhwystr rhy fawr iddo fynd i hel 'i draed pan fynnai, na'i gadw rhag treulio diwrnod neu ddau yn ei wely na chwaith i fod yn dramgwydd iddo fod am hydoedd yn llunio papur ar gyfer y seiat . . .

Hen lanc yn byw hefo'i chwaer oedd Ned Huw. Horwth llydan gydag aeliau trwchus a'i wallt wedi britho, a thuedd yn ei glustiau, ynghyd â'i ddannedd, i dyfu at allan; digon glandeg yn ei ffordd ei hun, yn arbennig ar ambell i Sul pan oedd blewyn go dda arno.

Doedd neb cleniach a mwy diymhongar pan oedd o yn ei hwyliau gorau, ond gallai hefyd fod yn sobor o benstiff ar brydiau ac yr oedd tynnu'n groes ynghylch manion yn nhoriad ei fogail. Y math o ddyn a deimlai iasau oerion pan ddigwyddai'r tywydd fod yn llethol o boeth neu i daeru yn llewys ei grys fod rhywbeth yn glòs ynddi pan yrrai'r dwyreinwynt meinaf bawb arall i swatio uwchben ei dân. Bron na thybiech fod anghytuno ar bopeth dan haul yn fater o egwyddor iddo. Fo oedd un o golofnau Bethlehem, y blaenor hynaf, y gweddïwr huotlaf, y canwr pereiddiaf a hefyd y gingron mwyaf styfnig. Fe wylltiai'n gaclwm pan na châi ei faen i'r wal. Llyncai'r mul mwyaf. Digiai wrth bawb a phopeth. Âi ar ei hyll o'r sêt fawr a threuliai fis neu ragor yn eistedd hefo'i chwaer. Ond yr oedd y saint yn ddigon cyfarwydd â'i giamocs ac ni chymerent ronyn o sylw ohono — dim ond gadael iddo, canys gwyddent yn burion y dôi'n hwyr neu'n hwyrach yn ôl at ei goed.

Wn i ddim pryd yn union y daeth Loreta adre i gadw tŷ iddo. Yn llafnas, aethai hi i Lerpwl i weini ar y byddigions ac yr oedd peth o sglein y bobl fawr wedi ei adlewyrchu arni pan ddychwelodd. Os bu ledi erioed, Miss Huws Tyddyn Creigiau oedd honno. Mae'n wir fod ei chroen wedi crebachu erbyn hynny, a golwg digon di-raen wedi mynd arni wrth iddi duthian yn ffwdanus o gwmpas ei chegin mewn hen fflachod oedd yn llawer rhy fawr iddi. Yr oedd wedi mynd yn arfer ganddi hefyd i bletio'i gwefusau'n nerfus bob yn ail â chnoi ei chil ar blyciau — ond ei dannedd gosod isa' oedd yn llac a thrwblus ac ofnai am ei bywyd rhag iddynt lithro o'i cheg yn deilchion ar lawr. Eto fe berthynai iddi ryw ledneisrwydd bonheddig, cwrteisi naturiol yr hen bendefigaeth, syberwyd nad oedd yn eiddo i neb arall yn y fro. Ac eithrio Estar Pryse, Treferddyn wrth reswm neu Gertrude Seed, Alma Hall. Nodweddent bob ystum a roddai, ei symud, ei siarad, ei gwrando a'i gwisgo — ei phopeth.

Ac yr oedd ei hurddas tawel, ei hamynedd a'i hirymaros ar eu hamlycaf yn ei hymwneud â'i brawd canys roedd o bob amser mor gignoeth wrthi. Allai hi wneud dim yn ei olwg oedd yn iawn. Chlywodd neb mohono'n dweud yr un gair caredig wrthi. Yr oedd fel petai'n gwneud ati i fod yn ffiaidd wrthi.

Câi Ted y merlyn lawer mwy o barch ganddo. Yr oedd y merlyn fel mab iddo. Rhoddodd ei enw ei hun arno pan ddaeth yno i ddechrau, a'i stamp o ran hynny ac aeth yntau mor echreiddig â'i feistr bob dydd. A'r un mor benstiff. Fu'r un ieuad mor gymharus mewn bod. Ond druan o Loreta. Dichon nad oedd yn fwriad ganddo ei brifo ond yr oedd calon dyn yn gwaedu drosti wrth wrando arno'n tra arglwyddiaethu mor sarrug drosti a hithau'n diodde'r cyfan mor ddirwgnach.

'Ia Edward . . . Naci Edward . . . os wyt ti'n deud Edward . . . ' dyma'r cyfan a ddywedai, hyd yn oed pan fagai ddigon o blwc i agor ei cheg o gwbl, ac yn amlach na pheidio fe ddioddefai ei enllibio yn dawel gan gymryd arni nad oedd yn ei glywed o gwbl. Barnai rhai nad oedd yn ei glywed chwaith a'i bod o'i mewn wedi magu ryw beirianwaith amddiffynnol a'i cadwai rhag torri ei chalon a mynd yn llwyr o'i cho'.

Fe fyddai'r ddau yn llonni drwyddynt pe digwyddai i rywun alw fin nos i edrych amdanynt canys nid oedd dim yn aml i dorri ar undonedd eu cyd-fyw ond ei gnecian hyd syrffed o a'i hochneidio cwynfanllyd hithau. Gwelent yr ymwelydd yn dod o bell. Rhuthrent i agor y drws cyn iddo guro. A doedd waeth i'r dyn dieithr fodloni ddim oblegid unwaith yr âi dros y trothwy, châi o ddim mynd allan heb ddaliad go hir. Âi Miss Huws ati'n ffrwcslyd i baratoi 'tamad', gan anwybyddu pob protest. Doedd neb erioed, siŵr iawn, wedi cael mynd o Dyddyn Creigiau heb gael rhywbeth yn ei fol, hyd yn oed os oedd y bol hwnnw'n llawn eisoes, a châi o ddim chwaith, tra bo anadl yn aros ynddi hi. Ac ni welid mohoni am o leia ddwyawr wedyn er nad esgorai ei holl lafur ar ddim mwy uchelgeisiol yn y diwedd nag ŵy wedi ei ferwi neu dun o samon.

'Dowch. Closiwch ato fo. Bytwch 'run fath â tasa chi adra. Yntê Edward?'

'Wel ia,' atebai yntau'n frathog, 'rhuthrwch ato, rydach chi wedi gorfod disgwl yn ddigon hir amdano. Ma'n syndod nad ydach chi ddim wedi trengi. Dydi o ddim wedi dechra llwydo debyg? Wn i ddim be sy' haru Loreta 'ma, na wn i wir, ma' hi fel petai wedi cael strôc y ddwy ochor . . . '

A phenyd creulon yn aml oedd mynd at y bwrdd canys ei ddiffyg glanweithdra oedd yr unig nam ar dduwioldeb yr hen chwaer.

Toc, ar ôl swper, fe godai Ned Huw o'i gadair a chan annog ei westeion i'w ddilyn âi drwodd i'r parlwr —

'Dowch drwadd i chi gael gweld be sgin i'n fa'ma hogia. Os byddwch chi'n 'o glên hefo fo, hwyrach y gneith y dyn bach ganu i chi.'

Gorffwysai gramaffon ar fwrdd crwn ynghanol y stafell, *His Master's Voice* drwsgwl, model hynafol hyd yn oed bryd hynny, a homar o gorn melyn, fel un o utgyrn Jericho, yn tyfu o'i hystlys. Leila Meganne a'i *Little Welsh Home* gyda'r *Nefoedd* ar yr ochr arall oedd hoff ddisg Miss Huws, a *Chytgan y Morwr* yn ffefryn ganddo yntau. Weindiai'r peiriant yn llafurus cyn eistedd yn ôl i wrando â'i lygaid ar gau ond tua'r diwedd ymunai yn y *Codwn Hwyl, Codwn Hwyl* gan ei tharo hi mor sydyn ac yna'i morio hi gyda'r fath arddeliad nes peri i Jim, yr hen filgi, neidio o'i drwmgwsg wrth y tân a'i fflachio hi am y drws fel petai hanner dwsin o wenyn meirch wedi disgyn ar ei war . . . ac ar derfyn y noson hebryngai Ned Huw bawb adre ar draws y caeau yng ngolau'r lantar.

Ond os oedd ei chwaer 'dani'n dragwyddol ganddo, nid dyna'i ddull arferol o drin merched chwaith, oblegid yr oedd iddo air gwan fel hen lanc mwyaf nwydwyllt y lle. Yn ei ddydd yr oedd wedi tynnu'i droed drwy adain hefo pob cywen ifanc a phob gwraig weddw brofiadol fel ei gilydd. Yr oedd hyd yn oed wedi sythu ar rai o hen ferched mwyaf cysetlyd y fro. Câi gyfnodau gwylltach na'i gilydd — y lleuad oedd yn 'ffeithio arno meddan nhw, a doedd neb yn ddiogel pan gâi un o'r rheiny. Yr oedd hi'n beryg bywyd eistedd wrth ei ochr mewn ambell i gyfarfod cystadleuol neu ddrama yn y Sgoldy. Fe roddodd ei law ar ben glin Jini Sgellog yn ystod perfformiad o *Gapelulo* un tro. Ar ganol yr ail act, â'r golau wedi ei ddiffodd, dechreuodd Jini sgrechian dros bob man. Aeth i'r fath sterics fel y bu raid atal yr holl weithgareddau ac edrychai'r gynulleidfa'n safnrhwth wrth iddi, yn ei styrbans, galpio dros y meinciau am allan.

Taerai Nel Pen Bryn wedyn iddo fynd yn ddigon digywilydd arni hithau pan aeth yno i ofyn benthyg ei chribin delyn ryw fore. Chafodd neb wybod beth yn union a ddigwyddodd wrth reswm —

'Chdi roddodd gwartans iddo fo i dy rowndio di,' pryfociai un o'i chymdogion. 'Cwartans wir,' protestiai hithau, 'mi rois chwelpan nes oedd o'n troi i'r hen sglyfath powld. Ddaw o ddim yma ar frys eto. Gei di weld.'

Ac er mai troi am adre â'i gynffon rhwng ei afl a wnaeth o'r tro hwnnw, fel ar nifer o achlysuron tebyg, fe ddaliodd i ddyfal doncio'n obeithiol am flynyddoedd. A doedd neb fawr dicach wrtho yn y gwraidd. Am ryw reswm cwbl anesboniadwy, fe gâi bardwn ffŵl am drosedd a ystyrid yn un cwbl warthus mewn rhywun arall . . .

Ni fyddai o'i hun, mwy na neb arall bid siŵr, yn barod i honni ei fod o'n ŵr crefftus. Siôn Bob Swydd fu o rioed, diletant na fu llawer o lewyrch ar ddim a wnaeth yn ei oes. Pan ddarganfu, ar ôl chwe mis o brentisiaeth, nad oedd dyfodol iddo fel cigydd, fe aeth ati'n ddeheuig i ganlyn stalwyn; ymroi â'i holl egni wedyn i deilwra a bu'n saer maen am sbel cyn penderfynu mai wedi ei ragarfaethu i fod yn faeliwr yr oedd o mewn gwirionedd. Yr oedd hynny cyn dyddiau Ted ac âi o gwmpas y mân dyddynnod a'r ffermydd hefo'i gert a'i ferlen froc i brynu wyau a llysiau, cywion ieir a chwningod, hwyaid a cholomennod, popeth y gallai wneud mymryn o elw o'u gwerthu ym marchnad Llangefni bob Difia'. Fe roddai well pris am wyau cornchwiglod nag am odid ddim arall, a mwy am wyau cwennod nag am rai ieir dŵr, y nesa peth i ddim am sgwarnog ond crocbris bob Dolig am ambell i ŵydd wyllt neu geiliog ffesant.

Cofiaf i William Marsli, Tyddyn Buarth fynd allan i saethu ryw dro ac fe chwythodd ben un betrisen fach anffodus i ffwrdd, ond ni fu fawr o dro nad oedd o wedi dal 'cracas goed' ac wedi pwytho'i phen, mor gelfydd â'r un llawfeddyg, wrth weddillion y betrisen, trawsblaniad mor effeithiol, nes twyllo'r maeliwr i dalu'r pris uchaf amdani.

Ond wedi iddo grafu ceiniog neu ddwy fe benderfynodd ymestyn ffiniau ei ymerodraeth drwy chwilio am rywle arall at Tyddyn Creigiau. Ac yn wir yr oedd y syniad yn un i'w gymeradwyo. Pe dôi o hyd i le bach hwylus gallai borthmona mwy a châi fywoliaeth frasach, ond yr oedd yn gwbl nodweddiadol ohono i ddewis man cyn belled â'r Seren Fore ar lethrau Mynydd y Garn a bu'n dal ei chwe erw o redyn am rai blynyddoedd. Yr oedd Llanfair-yng-Nghornwy'n bellach na phen draw'r byd i ni bryd hynny. Doedd yr un ohonom wedi bod o fewn milltiroedd i'r lle erioed. Fe gymerai deirawr i Lei, Wias Penllaingoch ddod adre i weld ei fam ac yr oedd y Seren Fore'n bellach na thŷ Lei o filltir a hanner meddan nhw. Wn i ddim hyd heddiw ble'n union y mae'r lle. Maddeued holl anturiaethwyr mawr y byd o Gristoffer Columbus i'r Captan Scott fy rhyfyg ond yn wir ac yn wir, am Ned Huw'n cychwyn am y Seren Fore y byddaf i'n meddwl bob tro y bydd rhywrai'n sôn am ymgyrchoedd enbyd i fröydd pellennig.

Ar gyfer ei gludo ar y siwrneiau hirion rheiny y daeth â Ted yno i gychwyn, yn ferlyn ifanc o Ffair Borth. Cychwynnent gyda'r wawr ar fore Llun ac fe'm deffrowyd o drwmgwsg lawer tro gan y ddau'n cyrraedd adre yn y plygain rywbryd tua chanol yr wythnos. Yn ddiweddarach o lawer y deuthum i ddeall mai lefran oedd ganddo yng nghyffiniau Porth Swtan ac mai dyna a ddenai'r hen lwynog mor bell ar draws gwlad. Wn i ddim beth fu diwedd y rhamant honno, na chwaith pam y bu iddi ei wrthod, os ei wrthod yn wir a wnaeth, ond mae'n debyg i bethau fynd yn ddrwg rhyngddynt tua'r un adeg ag y pallodd ei ddiddordeb o mewn bod yn amaethwr dwy fferm. Ni fu fawr o sôn am y Seren Fore wedyn ond os siomwyd ei feistr yr oedd Ted yn eitha bodlon. Fu dim rhaid iddo fo gyrchu ar siwrneiau pell ym mhob tywydd byth ar ôl hynny.

Effaith ei fynych gymowta a gwlychu'n wlyb at ei groen a berai ei fod o'n cael ei boeni gan y bronceitus. Dôi'r pwl drwg cyntaf, ynghyd â niwloedd Tachwedd, hefo'i gilydd, yn ddi-feth bob blwyddyn. Ni allai gofio pryd y treuliodd Ddolig ac yntau heb fod ar ei hyd yn ei wely a heb i Loreta orfod stryffaglio ddwsinau o weithiau i'r llofft hefo dôs o Indian Brandi neu dincti riwbob a phosal dŵr iddo. Âi'n ganol Mai yn aml cyn y câi wared o'r aflwydd a gwyddai'n burion bryd hynny y dychwelai drachefn, fel hanner coron ddrwg, unwaith yr âi'r Diolchgarwch heibio.

Dyna pam yr oedd ei brofiad fel bwtsiar drigain mlynedd ynghynt wedi bod mor fuddiol iddo yn ei henaint canys gallai flingo anifail mor rhwydd â phlicio taten. Tua dechrau Gorffennaf fe âi o a Jim allan i'r ponciau ar drywydd cwningod. Gorau oll pe gellid marcio wal gerrig a'u tynnu allan heb i unrhyw nam nac olion dannedd yr hen gi fod arnynt. Yna'n fedrusach na'r un barcer, âi ati i'w diberfeddu ac i drin y croen fel y byddai ganddo rywbeth go effeithiol i'w lapio am ei gefn a'i ganol y gaea' dilynol. Barnai'n bendant fod rhwymyn o'r fath yn ganmil cynhesach na'r wlanen goch arferol, y thermogîn y canai'r cwmnïau masnachol gymaint ei glodydd bryd hynny. Brothiai'r croen drwy ffrynt ei grys ambell dro pan ddigwyddai fod wedi colli botwm neu wrth iddo ymestyn at nodyn go uchel yn yr emyn ar ôl y bregeth. Yr oeddem ni yn Rŵm Fawr yn mesur pob dyn tebol wrth drwch y blew a dyfai ar ei frest ond gwyddem mai blew gwneud, eiddo cwningen, oedd ar frest Ned Huw Tyddyn Creigiau.

A'i flingo gafodd Jim yntau yn y diwedd. Dyna'n wir fu tynged pob copa flewog, yn gŵn ac yn gathod, yno'n hwyr neu'n hwyrach. Pawb ond Ted. Nid bod crwyn y cyfryw rai wedi eu bwriadu ar gyfer eu lapio am gefn neb, ond yr oeddynt yn anghyffredin o fuddiol fel matiau. Yr oedd dau neu dri ohonynt wedi eu taenu ar lawr cegin Tyddyn Creigiau ac yr oedd dringo i'r llofft fel camu i babell heliwr bwystfilod o'r Serengeti.

Yr hen fuwch las gorniog oedd yr ola' i ddod i ben ei rhawd yn y fath fodd. Hen gnawes oriog, wyllt ei thymer fu honno ar hyd y bedlan. Doedd neb yn cofio'n iawn pryd yn union y daeth hi yno na chwaith faint oedd ei hoed. Teimlem ni ei bod o leia cyn hyned â Thyddyn Creigiau a rhoddai'r argraff y byddai'n goroesi pawb, hyd yn oed ei pherchennog. Am reswm oedd yn hysbys iddo fo'i hun yn unig fe fynnodd Ned Huw ei chadw'n swynog ddiwerth am flynyddoedd. Doedd dim porthiant ar ei chyfer yn ystod y gaea' a gellid gweld a chyfri pob asgwrn yn ei chorff gryn ganllath oddi wrthi. A hwyrach mai am ei bod ar ei chythlwng yn barhaus yr oedd hi hefyd mor chwannog i ymosod ar bopeth a ddigwyddai fod o fewn tafliad carreg iddi. Fu ganddi rioed barch at hawliau cyfreithiol y sawl a gerddai ar hyd y llwybr cyhoeddus ar draws y cae yr oedd hi wedi ei bori i fod mor llwm â'r Kalahari. Bu Robin Gwelfor a minnau'n ymarfer ein doniau fel dau fatador yno droeon ond fe fu raid i Ned Huw ymyrryd pan blannodd ei chyrn ym mhen ôl Mrs Gertrude Seed, Alma Hall a'i bwrw'n gwbl ddi-feind o'i thras dros ben clawdd i Gae Coedan. Welwyd mohoni wedyn. Wedi marw o lesgedd yr oedd hi medda fo ac yr oedd wedi ei chladdu gyda'r parch yr oedd ei henaint yn ei haeddu yn y rhyddid ar gyrion y gors. Ymhen tri mis fodd bynnag, fe gafodd Loreta fat newydd ar lawr y gegin, ond erbyn hynny yr oedd y barcer wedi dechrau colli ei law a daeth yr hen fuwch las gorniog yn ôl i'w boeni, oblegid mewn cyfnod poethach na'i gilydd ym mis Awst y flwyddyn honno fe ddechreuodd ymylon y carped newydd gynrhonni!

* * *

Ni chafodd neb ei gamdrin yn fwy na fo gan yr hogiau. Yn haid o gybiau anystywallt tyrrent bob min nos at Siop Fawr i gynllunio bob direidi dan haul. Ac yr oedd cryn ddyfeisgarwch yn aml yn eu triciau. Rhyw bum munud cyn amser cau ar nos Sadwrn, ac yr oedd siopau'r wlad yn aros ar agor yn hwyr bryd hynny, dôi Ned Huw yn llawn ei helbul i brynu paced o gacennau *Eccles* ar gyfer ei de trannoeth a chwarter o fotymau gwynion i'w ddosbarth Ysgol Sul. Ac fe ddechreuent dynnu arno unwaith y dôi allan. Taerai rhywun yn syth fod Betsan, morwyn hynaf Penbol Isa', wedi gwirioni'i phen amdano neu bod Greta Tŷ'n 'Rodyn yn dal nad oedd neb tebyg iddo fo am fridio moch a chathod trilliw. Gofynnai un arall tybed oedd 'na rywfaint o wir yn y si fod Ted, cyn iddo ddod i Dyddyn Creigiau, wedi rasio unwaith yn y *Grand National*. Ac fe ddaliai yntau ben rheswm hefo nhw am oriau nes byddai Abal Ifas ar ei ffordd i'w wely ac wedi cael llond ei fol ar eu rafio, yn agor y ffenest ac yn gweiddi'n sarrug —

'Certiwch am adra wir Dduw.'

Fyddai o fyth yn rhegi fel arfer chwaith.

'Ma'n gwilydd i'th wynab di gadw reiat fel hyn, Ned. Rwyt ti'n ddigon hen i fod yn daid i'r llafna 'ma. Wn i ddim sut rwyt ti'n disgwyl cael trefn arnyn nhw yn y capal pnawn fory.'

A doedd ganddo ddim trefn. Ei ddosbarth Ysgol Sul o oedd y mwyaf o ddigon, y mwyaf poblogaidd a'r mwyaf swnllyd, dau ddwsin o selogion diwinyddol, egin weision ffermydd, seiri coed a daliwrs cwningod, bob un rhwng y pymtheg a'r deunaw, ac am eu bod wedi hen arfer â chymryd mantais arno y tu allan, yr oeddynt yr un mor hy pan oeddynt wedi eu corlannu o fewn y tair sêt o dan y cloc. Ond feiddiai o byth godi'i lais i ddwrdio rhag tynnu sylw'r dosbarthiadau eraill, yn enwedig O.T. yr arolygwr, a oedd yn rhy chwannog o lawer i fusnesa. Ac ni fynnai ar unrhyw gyfri i un o'i gyd-flaenoriaid dybio'i fod o'n cael trafferthion.

Cymhellai'r ysgolheigion yn daer —

'Dowch hogia bach! Dowch. Mi drown ni i'r bymthegfad bennod o Lyfr yr Acta — *Cyngor Jeriwsalem*. Mi ddarllenwn ni adnod fach bob un. 'Nei di ddechra Jac, dyna hogyn iawn.'

Fe fyddai Jac Salbri naill ai'n chwynnu'r blewiach coch o glustog y sêt i wneud mwstash tewach iddo'i hun nac eiddo Robat Wmffras, y codwr canu, neu'n cynllunio awyren bapur o un o ddalennau'r gwerslyfr i'w anelu at gorun Leusa Lewis yn nosbarth y chwiorydd hynaf yn sêt yr organ.

Darllen yn ddefosiynol am sbel cyn i Ifan Tŷ Brwnt godi sgwarnog yr oedd yn rhaid ei dilyn —

'Sut le ydi'r nefo'dd Edward Huws?'

'Wel, lle gogoneddus a hyfryd 'ngwas i. Mi wyddost yn iawn. Rwyt ti wedi dysgu hynny yn y *Rhodd Mam* debyg?'

'O! do, ond ydach chi'n meddwl bod 'na anifeiliaid yn cael mynd yno — eliffantod a phetha felly?'

'Brenin! Nac ydw. Dwyt ti rioed yn meddwl y bydd yno lygod mawr a thyrchod daear a ieir gori? Na, dim ond pobol a phlant a hogia fel chi sy'n dŵad i'r Capal a'r Band of Hôp a'r Seiat yn selog.'

'Ond be am Ted? Fydd 'na ddim lle iddo fynta chwaith?'

'Wel, wn i ddim hogyn. Ma'r hen ferlyn bach yn gês gwahanol wel'di. Mae o'n deall mwy na ma' neb yn 'i ama. Synnwn i damad nad ydi rhai o emyna Pantycelyn ar flaena 'i garna fo bellach, oblegid mi fyddwn yn arfar eu canu nhw iddo fo bob tro y down i adra o'r Seren Fora ers talwm. A phan fydda i'n agor ryw fatar mewn Seiat Ddosbarth yn rywla mi gaiff o glywad y papur o flaen neb. Mi fydda i'n darllan pytia iddo fo amball noson ar ôl s'peru. Mi fasa'n lles i ti cono weld fel bydd o'n gwrnado arna' i. Mi fyddai'n addysg i chi i gyd o ran hynny.'

Ar ganol y trafodaethau rhoddai *fint imperial* neu fotwm *Extra Strong* i bob un, ond fel arwydd o'r gosb eitha am ryw drosedd waeth na'i gilydd, fe fyddai weithiau'n atal ei law.

'Mi dysga' i chi fihafio'r cnafon, chewch chi 'run y Sul nesa chwaith,' ond erbyn y Sul wedyn bẏddai wedi hen faddau, onid oedd rhywun wedi troseddu'n ddifrifol, fel y gwnaeth Dic Pyllau Budron un tro.

'Edward Huws?'

'Ia fachgian.'

'Wyddoch chi'r hen adnod hir 'na — twenti ffôr?'

'Ia. Beth amdani?'

'Wel, be ma'r e . . . e . . . en . . . waedu 'na'n 'i feddwl deudwch?'

Edrychai pawb cyn sobred â Wiliam Michael, y saer angladdau, tra cneciai yntau'n betrusgar,

'Mi . . . mi awn ni yn ein blaena hogia bach. Anghofiwch honna rŵan hogia. Mi ddown ni'n ôl ati eto. Dydi o fawr o bwys. Nac ydi — wirionadd i.'

'Ond be tasa ni'n cael cwestiwn arno fo yn 'rarholiad sirol yr wsnos nesa?'

'Dechreuodd fynd i stêm,

'Chei di ddim y penci.'

'Pam felly? Ma' Mr Defis, gwnidog yn deud bod isio i ni ddysgu'r Maes Llafur i gyd os ydan ni isio preis. Fasa chi'n lecio i ni ofyn i O.T. Jôs yr arolygwr, os ydach chi ddim yn siŵr?'

'W . . . W . . . Wel, os oes raid i ti gael gwbod y tinllach bach, mi ddeuda' i wrthat ti.'

Saib hir wedyn tra crafai ei ben mewn cryn sacsisiwn —

'Wyddost ti'r llinyn bach 'na ar flaen dy . . . dy . . . Boli Jôs di?'

'Dew na wn i, rydach chi'n gwbod yn iawn na sgin i ddim chwaer.'

Allai Jac Salbri ddim dal yn hwy. Yr oedd ei wyneb yn goch fel tyrci ers meitin. Ffrwydrodd!

'Wel . . . dy . . . dy . . . bidlan di 'ta — torri hwnnw i ffwrdd. Ac mi fydda' inna'n dy gweirio ditha'r ewach bach oni fyddi di'n ofalus, neu dorri dy hen dafod di.'

Ac oni bai bod y Sgŵl wedi troi i roi pâr arnynt o ddosbarth y brodyr, fe fuasai pethau wedi mynd dros ben llestri y diwrnod hwnnw . . .

* * *

Ond doedd triciau'r hogiau, mwy na'i wrthod gan holl ferched y plwy, yn ddim o'i gymharu â'r tân. Bu gweld ei gartre'n llosgi i'r llawr yn fwy andwyol na'r cyfan hefo'i gilydd i gyd. Ac fe gyflymodd dranc Loreta hithau. I feddwl y byddai Ken Cen Villa a minnau wedi gallu rhwystro'r helynt rhag datblygu'n gymaint o lanast — pe baem ond wedi bod ychydig bach yn fwy cyfrifol. O leia fe fyddem wedi medru rhoi rhybudd gryn hanner awr o flaen neb arall, oblegid roedden ni'n digwydd bod yn cicio pêl yng Nghae Moch pan sylwodd un ohonom ar y peth —

'Sbia ar Tyddyn Creigia,' meddai Ken. 'Od 'tê? Pam wyt ti'n meddwl bod y mwg 'na'n dŵad o'r sceilat yn lle o'r simdda?'

'Ned Huw sy' wedi gneud tân yn llofft,' awgrymais innau'n ddifater.

Ond roedd Ken yn hŷn na mi o ddwy flynedd ac yn gallach o ryw gymaint —

'Paid â chyboli'r ffŵl gwirion. Mi fetia' i fod y lle ar dân.'

'Dos i ddeud wrthyn nhw i'r capal 'ta,' heriais innau, 'mae o a dy dad yn ista wrth ochra 'i gilydd yn y sêt fawr.'

Ond gwyddwn yn burion nad âi ar gyfyl y lle. Nid oedd neb wedi clywed am hogyn i flaenor yn rhuthro drwy ddrws Bethlehem ar bnawn Sul ac yntau yn ei ddillad chwarae. Ac yr oedd rhywun yn siŵr o holi beth oeddem ni'n dau yn ei wneud yn galifantio hyd y pentre yn hytrach na bod yn gwrando ar y Doctor Huw Wilias, Amlwch, yn traethu. Wedi'r cwbl, yno yr oedd lle pob hogyn parchus i fod. A doeddem ni ddim wedi anghofio mai ar yr amod nad oeddem i fynd allan o'r tŷ yr oedd caniatâd wedi ei roi i ni golli oedfa'r pnawn hwnnw. Unwaith yn y pedwar amser y caem yr hyfryd fraint a doedd wiw i ni daflu dŵr oer ar achlysur mor nodedig. Erys pangfeydd cydwybod i'm pigo hyd heddiw am mai dal i chwarae'n ddihidio a wnaethom, fel dau Nero, am ugain munud arall.

Ond o drugaredd, yr oedd Ifan Parri'r Caban wedi gweld yr un arwyddion ac yntau yn yr ardd gefn yn priddo'i datws cynnar. Doedd y Doctor Huw ddim ond ar fin codi'i destun pan welwyd pawb yn brasgamu yn eu du a'u nefi blŵ ar draws y caeau am

Dyddyn Creigiau.

Yr oedd aelodau ei ddosbarth Ysgol Sul wedi cyrraedd yno o flaen neb, crymffastiau abal, er eu holl bryfocio, yn griw teyrngar mewn awr o argyfwng ac yn llewys eu crysau'n bwrw ystolion ar dalcen y tŷ, yn dringo'n rhyfygus fel gwiwerod i ffenestri'r llofftydd ac yn sgrialu hyd y cowrt i lenwi a gwagio'u pwcedi, nes disbyddu o fewn dim y siafft ger y tŷ gwair.

Dyddiau o ryfel oedd hi. Dridiau ynghynt, yr oedd Llew Llain Delyn wedi dychwelyd i'r fyddin ar ôl bod adre am bwl. Roedd o wedi ymuno â Chorfflu'r *Pioneer* ers tair blynedd a bu'n edliw i'r hogiau mawr wrth fynd am dro i ben Clegyrog un noson nad oedd gennym ni yn y pentre ddim obadeia beth oedd yn digwydd yn 'ninasoedd Lloegar 'na'.

'A helpo'r hen slefyn,' tuchannodd Jac Salbri'n chwyslyd wrth edrych ar y fflamau'n troelli o berfedd y tŷ — 'be fasa Llain Delyn yn 'i ddeud rŵan tybad? Ma' hyn yn waeth na Lerpwl a Chofentri hefo'i gilydd.'

A choelia' i fyth nad oedd o'n llygad ei le oblegid pan welsom ni'r frigâd goch o Amlwch, hefo'i dynion a'i ffigiaris yn chwyrnellu heibio'r Fron, fe wyddem fod y rhagolygon yn bur dywyll am einioes Tyddyn Creigiau.

Wyddai neb yn iawn beth a achosodd y goelcerth — ai colsyn oedd wedi neidio ar y mat, ai dillad eirio oedd wedi eu gosod yn rhy agos i'r grât ynteu ai Ned Huw a osododd ei getyn ar led ymyl — er mai tueddu a wnâi'r mwyafrif i feio'r cathod. Yr oedd hanner dwsin neu ragor ohonynt yn y tŷ bron bob amser ac er eu bod yn swatio'n ddigon gwaraidd dan ddisgyblaeth y fistras, fe ddechreuent ar eu ciapars y funud yr âi hi o'r golwg. Neidient ar y bwrdd, dringent ar y dresar, clwydent ar y cwpwrdd cornel. Hongiai un neu ddwy ar y silff ben tân tra rasiai'r lleill fel mwncïod i fyny'r llenni. Dim ond trefn rhagluniaeth oedd wedi cadw'r lle ar hyd y blynyddoedd rhag mynd yn wenfflam, a doedd neb yn synnu bod yr anorfod wedi digwydd yn y diwedd.

Ac fe fyddwn i'n greadur go wahanol heddiw oni bai am y cathod felltith rheiny. A chymryd wrth reswm mai nhw oedd ar fai. Pe taen nhw wedi rhoi'r gorau i'w cadw reiat y diwrnod hwnnw mi fuaswn innau hwyrach wedi medru osgoi rhai teimladau ac emosiynau y glynodd eu heffeithiau fel gelan ynof byth er hynny. Mi fyddwn i'n taeru mai gweld y tân yn Nhyddyn Creigiau a fu'n gwbl gyfrifol 'mod i'n ymateb mewn dull mor afresymol i rai pethau heddiw. Roedd y profiad yn waeth na hunlle i lanc wythmlwydd oed. Gadawodd argraff gwbl annileadwy. Parodd arswyd a dychryn nid bychan; gwaeth na dim gadawodd deimlad o euogrwydd. Erys oglau'r mwg yn fy ffroneau o hyd. Dichon y gallai'r seiciatrydd egluro'r peth, ond y mae hyn yn ffaith, y câi faes toreithiog i'w astudiaeth o'm rhoi i ar ei soffa. Châi o ddim trafferth yn y byd chwaith i olrhain fy holl gymhlethdodau a'm hobsesiynau, y cwbl oll, i'r un digwyddiad tyngedfennol a pharlysol hwnnw ar brynhawn o wanwyn yn Garreglefn, ddeng mlynedd ar hugain a mwy yn ôl.

Ond os oedd y profiad yn un cofiadwy i mi bu'n ddirdynnol iddynt hwy eu dau. Safai Ned Huw yno'n fud â'i fraich yn dynn am ei chwaer. Mae'n wir nad oedd o'n sylweddoli beth a wnâi ond dyna'r unig dro iddo ddangos unrhyw fath o dynerwch tuag ati. Crafangai hithau ynddo yntau â gwedd y ddaear arni, wedi ei hurtio'n llwyr ac yn snwffian crio, ond heb allu ymollwng i golli dagrau.

Ymhen hir a hwyr caed y tân dan reolaeth ond nid cyn i'r lle fynd â'i ben iddo. Ac eithrio'r dresar ac ychydig o fân drugareddau'r parlwr, yr oedd y cyfan wedi mynd. Gwaeth fyth, yr oedd celc y ddau wedi ei llosgi. Doeddan nhw rioed wedi credu mewn cadw'u cynilion mewn hen fanc a wyddai'r naill ddim ble'r oedd cuddfan y llall er na fu'r fflamau fawr o dro na ddaethant o hyd i'r ddwy. Ond wrth garthu peth o'r llanast i ffwrdd darganfu un o'r hogiau flwch baco yr oedd rhyw gymaint o arian wedi ei gadw ynddo a chofiaf weld Ned Huw, cyn i bawb droi am adre, yn mynd o gwmpas yn ffwndrus gan wthio hanner coron ddu i law pob un a fu'n ceisio'i helpu.

Â'i chartref wedi ei losgi tywyswyd Miss Huws yn anfoddog rhwng Mam a Mrs Wilias Tai Newydd am y pentre. Mynnai Estar Pryse Edwards, Treferddyn ei bod yn aros hefo hi. Rhoddwyd benthyg coban fflanalét iddi gan Wias Penllaingoch ac fe'i paciwyd hi am ei gwely'n syth hefo paned o lefrith poeth. Penderfynwyd galw Doctor Jôs rhag i'r sioc droi'n niwmonia arni ac yr oedd Mam yn dweud pan ddaeth hi adre'r noson honno fod nerfau'r hen druan yn racs a'i bod wedi cael pilsan werdd, bron gymaint ag ŵy gŵydd, i'w llonyddu.

Ond yr oedd Ned Huw'n benderfynol nad âi o i unlle. Fel hen

gapten a'i long ar suddo mynnai yntau aros hefo'r tipyn gweddillion rhag iddynt hwythau hefyd fynd â'i adael. A hefo Ted yn wardio yn y stabal y bu am fisoedd nes i'r lle o'r diwedd, ar ôl hir oedi a hir holi gael ei fudur atgyweirio gyda chaniatâd cyndyn Cwmni'r Prwdensial. Ac er bod llawes ei siwt orau fel gogor a cholar ei gôt fawr wedi deifio'n felyn ni welwyd mohono mewn rig arall byth wedyn. A bu oglau'r tân arno am flynyddoedd. Roedd i'w glywed yn blaen bob nos Sul fel y cerddai heibio i'n sêt ni ar ei ffordd i lawr i'r sêt fawr.

* * *

Awn yno'n selog bob bore Sadwrn am y tair blynedd olaf o'u hoes. Arferem ni gartref gorddi ar nos Wener a chyn mynd i chwarae hefo'r hogia trannoeth cawn fy nghonsgriptio hefo piserad o laeth enwyn am Dyddyn Creigiau.

'Wel, dyma Wili bach Pengraig wedi bod yn ffeind gynddeiriog hefo ni'r wsnos yma eto,' ddywedai Loreta bob tro. 'Dowch i'r tŷ Wili bach . . . Wili Pengraig sy' 'ma Edward.' A chawn dair ceiniog felan am fy nhrafferth.

'Diar, mi roeddach chi'n deud eich adnod yn dda yn y seiat nos Ferchar, Wili. On'd oedd o Edward? Rêl person bach.'

'Chlywis i rioed berson yn medru deud dim yn dda,' chwyrnai yntau.

'Dwi'n siŵr mai pregethwr fydd Wili 'ma ryw ddiwrnod. Ydw wir. Mi ddo' i i'ch cyfarfod sefydlu chi os bydd o'r peth dwytha wna' i. Dof wir Wili bach. Dwi'n addo.'

Ond fu hi ddim byw yn ddigon hir i'w dadrithio oblegid wrth godi o'i gwely un bore, cwympodd a thorrodd ei chlun. Llusgwyd hi'n ôl ganddo yntau. Chododd hi byth wedyn. Yr oedd hi'n wyn ac wedi gwywo a'i hesgyrn wedi mynd yn rhy frau i'w trwsio. Bu farw fel yr oedd hi wedi byw, yn dawel ac yn ddirwgnach. Gyda'i mynd hi pallodd ei egni yntau. Doedd neb ar ôl i wrando ar ei hewian nac i ffrwcsio ar bob arthiad. Yr oedd wedi dibynnu arni'n llawer mwy nag y tybiai. Ni allai fyw hebddi ac ymhen llai na mis, o'r un afiechyd arbennig, yr oedd wedi ei dilyn. Fel dau hen gloc wedi eu syncroneiddio, daethant hefyd, wedi'r holl flynyddoedd, i sefyll bron yn union yr un pryd â'i gilydd. Gadawyd Ted yn amddifad. Dim ond y fo oedd ar ôl i alaru ac wedi'r angladd fe aed ag yntau i ffwrdd ym mherfeddion nos. Gwyddai pawb yn burion i ble.

* * *

Bellach am yr eilwaith, aeth Tyddyn Creigiau â'i ben iddo. Ond y mae yn y tŷ acw hen blât pridd y torrwyd dihareb Saesneg ar draws ei ganol — *Life has many shadows, tis the sunshine makes them*, a hefyd 'bapur' mewn pensal blwm ar *Lenyddiaeth y Beibl* a ddarllenwyd i'r seiat yn y Garreglefn ar yr 21ain o Fehefin, 1921. Perthynai'r naill i Loreta a dichon bod y ddihareb yn crynhoi peth o athroniaeth ei bywyd helbulus. Awdur y llall oedd Edward Huws, 'symteim' Athro Ysgol Sul a Phen Blaenor Eglwys Bethlehem. Tair ceiniog felan rois i amdanyn nhw. Bargen orau'r ocsiwn.

Fel y mae'n digwydd gwelir olion y tân yn drwm arnynt hwythau. Ond fe'u rhestraf bellach ymhlith fy nhrysorau. Ni chyfnewidiwn mohonynt heddiw am hanner ffortiwn *Sheikh* cyfoethoca'r Saudi. Wel, o leia, dydw i ddim yn meddwl y gwnawn i. Ddim am sbel go lew beth bynnag.

Jac Llainsibols

Doedd 'na fawr o Gymraeg rhwng Dic Llainganol a'i gymdogion agosaf, teulu Llainsibols. Riachod oeddynt oll yn ei olwg a'r penteulu'n waeth na'r un. Taerai Dic fod Jac nid yn unig mor anwadal â chlawdd cerrig heb fortar, fod ganddo wyneb fel shelf ond ei fod o hefyd, pan fyddai'r galw, yn berchen ar ddigon o ddigywilydd-dra hyd yn oed i droi cnebrwng yn ôl i ofyn am reid adre. Welodd o chwaith neb diocach na'r lluthlo cythral. Mewn gair doedd y diawl ddim gwerth ei regi — er na wnâi'r un dim arall bob tro yr oedd dyn yn taro arno. Yn wir, yr oedd y peth wedi mynd i ddechrau dweud arno er y gorfodid yntau hefyd ar funud gwan i gyfaddef bod Jac, yn ei bethau ei hun, yn fwy o enjinîar na neb arall yn y fro.

Dyn dŵad o'r tu draw i'r Lôn Bost oedd gŵr Llainsibols, hanner Gwyddel nad oedd wedi gweld yr Werddon yn ei oes ac eithrio'r ambell gip yr oedd wedi ei gael ar fynyddoedd Wicklow o ben Clegyrog ar ddiwrnod clir.

Yr oedd Liam, ei hen daid, wedi dod drosodd o Roscommon pan orfodwyd yr holl dylwyth i ymfudo yn ystod y Newyn Mawr. Aeth y mwyafrif ohonynt i'r Mericia, ond am ei fod o'n llongwr mor sâl a'r daith i Gaergybi'n un mor ragluniaethol o fer, dewisodd ymsefydlu ym Mryngwran, Môn yn hytrach nag ym Mrunswick, Maine, ac ymhen llai na deufis ar ôl glanio yr oedd wedi gosod ei het ar hoel yng nghartref hogan o Walchmai a bu'r ddau'n bridio'n ddygn am y deunaw mlynedd nesa bob yn ail â chrafu ceiniog drwy grwydro o gwmpas yn tincera. Erbyn y drydedd a'r bedwaredd genhedlaeth yr oedd teulu O'Malley fel locustiaid heb rif, a sôn ledled yr ynys amdanyn nhw a'u busnes llewyrchus fel masnachwyr haearn sgrap.

Cyl main broc a'i wallt fel brws potel. Dyna'r gorwyr, ac edrychai bob amser fel petai'n bwyta gwellt ei wely. Doedd ganddo na choler ar ei grys na'r un botwm ar ei wasgod ond pan fyddai wedi rigio ar gyfer angladd, ei gôt yn llafreia' a'i drowsus mor llac amdano fel y gellid heb drafferth wasgu dau neu dri o rai tebyg i mewn ato — ond doedd dim angen gwneud hynny chwaith am fod bresus go gryf a llathenni o linyn beindar am ei wasg yn dal y cyfan rhag llithro'n ddadlennol i lawr at ei draed. A Meima'r wraig yn hen glustog lonydd, pladras ddeunaw stôn, a oedd wedi treulio gymaint o'i hamser yn darllen nofelau rhad ac yn crimstilio o flaen y tân nes bod ei chrimogau wedi hen fritho a'i chymalau wedi cyffio'n llwyr.

Safai Llainsibols ar gyrion y pentre — bwthyn unnos llawr pridd wedi ei helaethu yng nghwrs y blynyddoedd nes bod iddo gegin a pharlwr, siambar a chroglofft. A'i ddrws ffrynt fel eiddo stabal yn ddau ddarn — a'r unig fodd y gellid ei agor o'r tu allan oedd drwy wthio'r mynegfys drwy'r twll crwn yn y ddôr uchaf i wthio'r glicied o'r tu mewn at i fyny. Unwaith yr agorai honno yr oedd yn rhaid ymestyn drosodd i ymgodymu â chlicied y ddôr isaf. Cedwid y rhan uchaf ar agor ar dywydd braf ac er i Meima daranu digon ar y plant i gadw'r ddôr isaf ar gau i gadw'r ieir rhag dod i'r tŷ, i mewn y deuent, ynghyd â'r mochyn yntau, ambell dro. Nid bod Jac yn gwarafun rhoi mymryn o groeso iddynt wrth reswm. Nhw, wedi'r cwbl, oedd yr unig rai yno a oedd yn talu am eu cadw ac fe sylweddolai'n burion, er lleied y stoc, y byddai Dolig yr aelwyd gryn dipyn llymach bob blwyddyn oni bai am y da pluog a thenant y twlc.

Yr oedd Jac oddeutu'r deugain ac ar y clwt pan symudodd i fyw yno gyntaf, a'i iechyd, yn ôl ei dystiolaeth ei hun, ar fin torri; effeithiau uniongyrchol dwy flynedd o slafio diddiolch yng ngwasanaeth y rheilffyrdd yng ngorsaf Bodorgan. Ac am ei fod o wedi gwneud ei orau i'r wlad bryd hynny fe gredai mai ei rhesymol ddyletswydd hithau o hynny ymlaen oedd ei gynnal yntau a'r holl deulu. Ac felly y bu, a bu'n dandwn ei heipocondria ac yn tywallt holl fendithion ei chyfundrefn les yn feunyddiol drosto am chwarter canrif.

Fe geid strŷt hir ganddo unwaith y dechreuai ddoethinebu ynghylch ei iechyd. Doedd dim dadl, chwedl yntau, na fyddai wedi datblygu'n gefn dyn petai o ddim ond wedi cael chydig o lwc. Ac roedd angen rhyw chydig o lwc ar bawb. Ni fu rioed yn un i ddal 'i ddwylo. Roedd o'n sgut am waith a phan oedd o'n llafn châi o ddim trafferth yn y byd i gael bachiad. Ac fe roddai rywbeth yn gyfnewid am gael mynd allan bob bore fel pawb arall i wneud diwrnod gonest. Petai o ddim ond yn medru. Ond am mai potal wedi ei chracio oedd o bellach doedd dim amdani ond plygu'n ufudd i'r drefn. Er creuloned oedd honno. Petai Dic Llainganol a'i debyg ddim ond yn cyfri'u bendithion yn hytrach nag edliw iddo fo'n wastad. Lwcus oeddan nhw nad oedd ganddynt hwythau ddim corff mor wantan. Roedd o cystal dyn â nhw bob dydd y codai o'i wely, hynny ydi, petai popeth arall yn gyfartal. Ac ni chymerai'r deyrnas â chymryd mantais ar neb, ar na Dôl na dim — oni bai ei bod yn rheidrwydd arno wrth reswm. Peth ofnadwy ydi colli'r peth pwysicaf sydd gan ddyn a gorfod byw ar drugaredd. Ond mi fyddai'n haws siarad hefo hwythau hefyd, byddai'n siŵr, ryw ddydd Gwenar glawog.

A bron na thaerai iddo rywbryd neu'i gilydd ddioddef oddi wrth bob clefyd y gwyddai dyn amdano. Ac fe'u rhestrai bob un gyda balchder a chryn dipyn o anwyldeb. Clafychai beunydd hefo mil a mwy o anwydau, crwits a chnofeydd, gloesyctod y galon a gwayw'r bonsia heb sôn am lid y coluddion a dolur rhydd, y bendro ac iselder ysbryd o ganlyniad i wendid ar y sblîn. A phan gâi lonydd gan y cyfryw rai dôi'r bendduyn a'r llyfrithen, y cam ystum a'r gowt i'w boeni. Ac yr oedd clwyf y marchogion, fel y tlodion, hefo fo'n dragwyddol er mai taeru wnâi Dic Llainganol y buasai'n gywilydd arno fod heb y peils ac yntau wedi treulio cymaint o'i oes yn ei gwthwal, yn gorweddian mewn cadeiriau ac yn ista ar ei din ym mol clawdd.

A gwae'r sawl a ddangosai'r mymryn lleiaf o gydymdeimlad tuag ato. Hanner cyfle — dyna'n unig oedd o ei eisiau.

'Mi gawsoch dipyn o sgeg y tro dwytha 'rhen frawd.'

Ac ar amrantiad byddai yntau wedi gwthio'r jou baco o'r naill foch i'r llall, wedi rhoi poeriad cwta ac wedi dechrau datod botymau ei drowsus i ddangos faint ei ddioddef!

'Sbiwch! Pymthag pwyth ar hugain. Ma'n syndod 'mod i'n fyw ddyn.'

A thra byddai dyn yn rhyw giledrych ar y graith ac yn ymbalfalu'n ofer yr un pryd am sylwadau priodol gogyfer ag achlysur mor nodedig fe geid ganddo yntau ei fyfyrdod parod ei hun.

'Yn y Roial y ce's i hi. Cael a chael.' Welodd Hywal Huws ddim byd tebyg. "Mi rydach chi wedi diodda'n enbyd Mr O'Malley," medda fo. "Chi ydi'r dyn dewra welis i rioed." A mi ro'dd o wedi gweld llawar, doedd?'

Ac ni feiddiai neb anghytuno na chwaith ei rwystro rhag rhoi'r disgrifiadau mwyaf graffig o'r driniaeth.

'Sgin i ddim cownt o'r wsnos gynta ar ôl 'i chael hi. Dim ond 'y mod i medda Sister Collins. Hogan ddel o Donegal. Uffar o opareshion ydi un y dŵr 'na. Gweddïwch na chewch chi mohoni wir Dduw. A does gen i fawr o berfadd ar ôl bellach — rhwng tynnu 'mhendics ym Mangor a thorri'm lengid y ddwy ochor . . . '

'Tewch â sôn Mr O'Malley. Mi fasa ffitiach iddyn nhw fod wedi rhoi sip ffastnar i lawr eich canol chi ers blynyddoedd.'

Ac yr oedd yn rhaid taro nodyn gwamal bob tro cyn y gellid ei berswadio i droi'r stori, ond dôi'n ôl cyn gorffen gyda'r un hen gân mai rhyfyg byth wedyn fyddai iddo hyd yn oed feddwl am wneud unrhyw fath o waith.

Yn ôl Dic y gwaith caleta a wnaeth o rioed oedd hel plant ond fe gyflawnodd y gorchwyl hwnnw gyda graen. Fe fu iddo dri ar ddeg i gyd ac fe'u bedyddiwyd bob yn dri yn eglwys Rhosbeirio. Iddo fo y rhôi'r Awdurdodau y credyd am y cyfan er bod peth amheuaeth ai fo oedd piau pob un hefyd! Doedd dim dadl ynghylch Sean a Patrick canys roedden nhw cyn debyced i'w tad â phe bai wedi eu poeri ar y pared. Ond dyn a ŵyr o ble daeth rhai o'r lleill, yn arbennig Moragh. Gorfu iddo dreulio misoedd yn Llanynghenedl yn ystod gwaeledd olaf hen wraig ei fam ac o fewn tair wythnos wedi'r angladd yr oedd y beth fach wedi ei geni. Pe bai ots am hynny. Taerai Meima'r du yn wyn na fu neb ar ei chyfyl hi tra bu o i ffwrdd, ac eithrio Griff Tyddyn Bleiddiau, wrth reswm, ond yr oedd Griff yn un o'r teulu bron, yn hen drymp iawn ac yn un o'r petha clenia.

Ond dôi'r hen blant â chryn gysur hefo nhw a sylweddolai Jac mai ei resymol ddyletswydd yntau oedd gofalu bod tamaid ar gael ar gyfer bob un. Roedd Cledwyn Hughes wedi datgan yn gwbwl glir mewn cyfarfod lecsiwn yn 'rysgol fod y Llywodraeth yn barod i helpu pawb oedd mewn angen. A doedd o ddim wedi bod yn llai na'i air chwaith. Dydd Gwener oedd diwrnod shist ac os oedd hi'n hen helcid gorfod cyrchu ar y beic i'r gwaith aur yn Amlwch dôi boddhad mawr o sylweddoli y cyrhaeddai'r syplimentari o'r Garreg Domos yng Nghaergybi hefo'r post trannoeth . . .

Pymtheg swllt oedd rhent Llainsibols, gyda'r dreth yn gynwysedig a bu amser pan gâi'r swm hwnnw'n arian sychion i'w ddwylo'i hun, ond am ryw reswm, hysbys iddyn nhw'u hunain yn unig, yr oedd yr *Assistans* wedi penderfynu newid y drefn a'i dalu'n ddeirect i Edwards, y mistar tir. Nid bod hynny'n ei boeni o chwaith canys yr oedd y peth wedi mynd yn angof ganddo unwaith neu ddwy; yn gwbl anfwriadol wrth reswm — a chan na fu o rioed yn giamstar ar glarcio, yr oedd y trefniant newydd yn arbed llawer o drafferth iddo heb sôn am y gost ychwanegol o godi Postal Ordar a rhoi stamp ar yr amlen cyn ei gyrru i Edwards i'r Gaerwen.

A'r unig dro y rhoddai bensal ar bapur bellach oedd i'w hysbysu yn yr Hedcwartars fod angen sgidiau arno fo neu gôt ar Meima neu ddillad ysgol ar y plant. Nid bod angen gwneud tŵr melin ac eglwys bryd hynny chwaith canys mewn llai na deuddydd dôi Miss Parry'r *Welfare* at y drws â llond ei hafflau ar gyfer pawb. Y beth ffeindia dan haul oedd Miss Parry — hogan wirioneddol agos at ei lle. Doedd dim hen ddal der yn perthyn i Miss Parry fel rhai o'r hen bethau eraill a ddôi ambell dro i Lainsibols i foesoli gythral. Dim ond gwagio'r bocsus ar fwrdd y gegin wnâi hi a gadael hefo gwên fawr ar ei hwyneb.

'Rwbath ydach chi isio — dim ond gadal i mi wybod. A mi wnawn ein gora. Ond cofiwch ddeud wrth y plant 'ma am gymryd pwyll hefo'r sgidia Mr O'Malley — ma'r rheiny wedi mynd i'w crogi. Ydyn wir.'

A dyna pam, rhag digio Miss Parry, yr oedd o fwy nag unwaith wedi mynd i'w boced ei hun i dalu am drin ambell i bâr. Wilff Hinchin, Mynydd Mechell oedd y crydd agosaf, ac fe gyrchai Jac ato'n ffyddiog —

'Faint ydach chi'n godi Hinchin?'

Roedd ynganiad trwynol gan y cobler —

'Pedwar a chwech am wadnu. Hannar coron am sodlu. Be gymeri di?'

Ac atebai yntau fel fflach —

'Wel sodlwch nhw ar 'u hyd i'r diawl. Does dim arall amdani.'

Ychydig iawn o bres pocad oedd ar ôl iddo fo wedi i'r genfaint gael ei digoni. Dyna pam na welid mohono'n hel 'i draed i unlle. Prynai un owns o faco bob wythnos — dyna'i gyd — ac fe rowliai ambell i sigarét hefo'i beiriant *Rizla* pan ddeuai'r awydd er bod y rheiny gan amlaf cyn deneued â choes y fatsien a'u taniai. Ond yr oedd ganddo un hobi na chaniatâi i neb ei gomedd iddo am mai ei bleser pennaf un oedd cyrchu i gnebryngau, ac yr oedd ambell un o'r farn na fyddai wedi treulio'i oes yn godro'r Wladwriaeth Les mor llwyr pe bai'n hogyn wedi cael ei brentisio'n saer eirch yn hytrach nag yn bortar ar y rêlwê.

Yr oedd yn anelu at o leia ddau angladd yr wythnos a chadwai gofnod o bob un mewn nodlyfr yn ei boced gesail. Nid oedd erioed wedi mynd i'r drafferth i gyfri sawl cnebrwng y bu ynddo. Doedd rhodras o'r fath ddim yn beth gweddus wrth reswm eithr cyfaddefodd unwaith fod tri llyfr wedi eu llenwi eisoes a'i fod yn tynnu'n ddeheuig at tua chanol y pedwerydd.

Yr oedd tueddiad sinistr ynddo i holi ynghylch cyflwr iechyd pawb. 'Stydio fform,' oedd ymadrodd Llainganol am y peth, ac am fod ganddo syniad lled dda pwy oedd y tebycaf i gael ei alw nesa gallai fynd ati rai dyddiau os nad wythnosau o flaen llaw, i drefnu ar gyfer talu'r gymwynas olaf iddo. Ac nid oedd marwolaeth sydyn yn mennu dim arno chwaith. Os oedd y peth yn ddychryn i'r gymdogaeth doedd dim yn annisgwyl i arbenigwr fel fo canys yr oedd wedi rhagweld arwyddion difodiant y trancedig o flaen pawb arall. Mantais ychwanegol oedd cael yn Llainsibols geiliog Black Leghorn a chanddo grebwyll allsynhwyraidd tra nodedig, a phan glywid hwnnw'n canu gefn trymedd nos, nid oedd dim cyn sicred na fyddai yntau ar ei godiad trannoeth yn gofyn i Meima roi hetar ar ei dei ddu.

Ac fe fyddai wedi ei wisgo'n dra theilwng o'r achlysur. Ychydig o lwc a oedd wedi dod i'w ran erioed er ei fod yn ystyried y fargen yr oedd wedi ei chael yn y basâr a gynhaliwyd dan nawdd Cymdeithas Lenyddol Llanfflewin (B) ugain mlynedd ynghynt, yn un o'r troeon mwyaf ffodus. Gwarantai *Bayne and Dargie*, y lebal o'r tu mewn i'r wasgod, ei hir hoedledd, a dim ond tri a thair oedd o wedi 'i roi amdani — y siwt dywyll ddelfrydol a honno heb fod yr un blotyn gwaeth. Hwyrach bod y llewys oddeutu'r pedair modfedd yn rhy hir a'r trowsus fymryn yn llac ond ar wahân i hynny, fe ffitiai fel blwch. Ac yr oedd y fyfflar wen y daeth o hyd iddi ar yr un cowntar yn rhan hanfodol o'r regalia. Gallai mynwentydd fod yn lleoedd digon drafftiog gefn gaea'.

Mentrais gyfeirio at y lifrai angladdol fel y brasgamai i lawr y pentre un bore —

'Troi allan yn gynnar Mr O'Malley?'

'Hen wraig y Gorsgoch Ŵans.'

'Tewch da chi. Dydi hi rioed wedi marw?'

'Fasa ni ddim yn claddu 'i gweddillion brau hi y pnawn 'ma oni bai 'i bod hi.'

'A rydach chi'n swel o'ch co', os ga' i ddeud.'

'Y dillad ydi'r dyn, y dyn ydi'r truan — neu o leia dyna beth fyddai Mam yn 'i ddeud. A choelia' i byth nad oedd yr hen ledi'n llygad ei lle. Os na fedrwch chi barchu'r marw Ŵans, waeth i chi heb chwaith â thrio byw hefo'r byw. Dyna sut y bydda' i'n sbio ar betha . . . clywad bod yr hen fachgian eich taid yn ddigon llegach Ŵans? Dudwch 'mod i'n gofyn amdano fo.'

A phe digwyddai i ddyn daro arno ar ei ffordd adre fe geid yr holl fanylion am y gladdedigaeth ganddo —

'Cnebrwng bach del sobor . . . ia wir . . . a chanu da. Ugain o geir heblaw'r hers. A bocsyn bach del digon o ryfeddod. Derw solat. Biti na fasa 'na floda hefyd — ma' Meima 'cw'n lecio bloda . . . Duwch annw'l mi ro'dd hogan y ferch hyna'n ddrwg, 'y nghalon aur i'n beichio crio ar ôl Nain — er mi ro'dd y lleill yn reit dda chwara teg iddyn nhw; cofiwch, dwi ddim yn ama nad oeddan nhw'n reit falch o'i gweld hi'n mynd — mi gawson nhw law go galad dwi'n barnu. Ac mi gawsom banad deilwng yn y festri — y dorth hada carwa ora fu yn 'y ngheg i rioed. Doedd hi'n drugaradd fod y tywydd wedi dal deudwch? Roedd gen i ofn am 'i hachos hi yn y fynwant, ofni iddi neud un o'r hen sgrympia 'ma, ond mi ddaliodd yn rhyfadd. Pwy fydd y nesa tybad? Mae cyn amlad yn y farchnad groen yr oen . . . yn tydi Ŵans? Cnebrwng yr hogyn bach 'na syrthiodd ar y tractor fory — yn Llanbabo. A sut ma'r hen fachgian eich taid y pnawn 'ma, yr hen slâf, mae ynta wedi cael cystudd . . . '

Poeni bod y wlad yn mynd â'i phen iddi yr oedd Jac y tro olaf y gwelais o. Ond er ei gonsyrn amdani yr oedd o erbyn hynny wedi magu mwy o argyhoeddiad nag erioed mai ei dyletswydd, onid yn wir ei braint, oedd dal ati i'w gynnal o a'r teulu nes byddai ar ei bensiwn.

Digwyddwn fod yn cael sgwrs hefo Dic Llainganol ar waelod allt Pant y Gist pan ddaeth heibio ar frys yn ôl ei arfer —

'Lle ma'r Deryn Corff yn mynd bora 'ma tybad?' gofynnodd Llainganol yn gwta. Ond petha'r byd hwn oedd ar feddwl Jac y diwrnod hwnnw —

'Welsoch chi'r papur lads? Uffar o fyjet. Pob dim i fyny 'tê? Mi fydd hi'n gythral o slymp yn y diwadd — marciwch chi 'ngeiria i.'

'Fydd dim raid i ti boeni,' atebodd Dic yn frathog.

'Wyddoch chi Ŵans, pan ma' cradur fel fi — wel! a chitha o ran hynny, yn gneud 'i ora' i gael dau ben llinyn ynghyd, a'r diawlad 'na'n Llundan yn mynnu rhoi spocsan ynom ni bob tro — ma' isio gras.'

'Wel, oes — rydach chi'n iawn.'

'Wrth gwrs 'y mod i, ar ôl i gradur am flynyddodd neud 'i ora' i dalu'i ffordd. A does arna' i'r un sentan i neb yn y lle 'ma. Tasa pawb wedi trio bod mor egwyddorol â fi — Wel! a chitha hwyrach . . . mi fasa mwy o raen ar betha reit inyff. Isio i bawb dynnu'i bwysa sy'. A fydd dim yn fy ngwylltio i'n fwy tua Amlwch 'na, na fydd wir, na gweld rhai'n manteisio Ŵans — tasa chi'n gweld y giblats llewaidd y bydda i'n taro arnyn nhw amball dro. Nac ydi ddyn byw — dydio'n syndod yn y byd ein bod ni mewn cymaint o dwll.'

Allai Llainganol ddim dal —

'Tinddu meddai'r frân wrth y blydi gwylan.' Ond chymerodd Jac ddim gronyn o sylw,

'A thorri fydd ein hanas ni — mi gewch chi weld; er na fedar neb ddeud na ddaru'r bôi yma roi digon o warning. Da b'och chi rŵan eich dau — pawb yn Llainganol 'cw'n o lew gobeithio?'

'Wel ar f'enaid i,' meddai Dic. 'Gwyddal yn 'i nerth. Glywsoch chi'r cythral? Mae o'n deud arna' i, ydi wir dduw. Does arna' i'r un sentan i neb wir! Pam ydach chi'n meddwl 'i fod o'n mynd heibio'r Siop 'na fel ffleubwch bob tro y daw o i'r pentra? Dim ond lliw pen ôl yr Arab fydd Abal Ifas yn 'i weld, a mae Abal yn un digon ffetus dydi . . . ?'

* * *

Ymhen deufis union wedi iddo gyrraedd oed ei bensiwn fe gefnodd Jac ar Llainsibols. Aeth o ddim i'r drafferth i egluro pam nac i ffarwelio â'r un enaid byw — dim ond symud *bag and baggage* i dŷ cyngor yng ngwaelod y Sir. A welwyd mohono yn yr ardal byth wedyn. Ond ni fu fawr o dro nad oedd o wedi symud o'i gartre newydd hefyd a bu cryn ddirgelwch yn ei gylch am sbel. Dim nes y trawodd Dic Llainganol ar rywun ym marchnad Llangefni un pnawn Difia' y caed ar ddeall ei fod o wedi ennill pum can punt mewn cystadleuaeth yn un o'r papurau Sul a'i fod o a Meima wedi croesi yn yr Hibernia i'r Werddon am dipyn o chênj. Ymhen hir a hwyr daeth i Lainganol gerdyn post hefo nodyn go frysiog wedi ei sgriblio arno —

Ballymacurly,
Nr. Castle Rea,
Roscommon.
Friday.

Diar Nebors,

Wedi gneud trip i'r Land of my Ffaddars ac yn meddwl am aros.

Love to all
Jac a Meima (O'Malley).

A doedd dim pall ar huotledd Dic wrth feddwl am ei gymydog fel teicŵn yn torri cyt ym Mallymacurly.

'Dyna fo Jac yn 'i nerth. Trystio'r lleban i fod y tu clyta i'r clawdd yn y diwadd. Jolihoetio yn yr Werddon 'na ar ôl i'r cythral ein pluo ni'n lân ar hyd y blynyddoedd. Ond wyddost ti be — a mae o'n beth rhyfadd — fel yr oeddwn i'n deud wrth Hannah 'cw'r noson o'r blaen, dydi'r hen le 'ma ddim cweit 'run fath ar ôl iddyn nhw fynd chwaith.'

Estar Pryse Treferddyn

Rhedai gwaed yr uchelwyr drwy wythiennau Estar, Treferddyn. Yng nghanol gwerin od o gyffredin eu hamgylchiadau gallai hi olrhain ei thras i un o bymtheg llwyth Gwynedd.

Gallai Miss Pryse Edwards, Treferddyn olrhain ei thras i un o bymtheg llwyth Gwynedd fel y tystiai achlen ei thėulu yn y Beibl Mawr ar fwrdd y parlwr ffrynt. Yng nghanol gwerin digon cyffredin ei hamgylchiadau, hi a Gertrude Seed, Alma Hall oedd yr unig rai o blith y *bourgeoisie* yn yr ardal, ac fe haerai Now Clegyrog Isaf fod y gôt ffyr a wisgai'r hen Estar i gadw'i chefn yn gynnes ar ambell i nos Sul yn y gaea' yn fwy o werth na thri chwarter ei stoc o ar ei gora. Yr oedd ei thaid wedi gwneud ei beil fel drepar ym

Miwmares rywbryd ar ddechrau'r ganrif ddiwethaf a nhw fel teulu oedd piau hanner y pentre, heb sôn am ddwy neu dair o strydoedd yn Lerpwl a warws gerllaw Runcorn. Yr oedd Treferddyn yntau yn hen hongliad tywyll, yr unig adeilad tri llawr o fewn milltiroedd, gyda'i ddau barlwr a'i lyfrgell, ei gegin a'i friws a'i ddau bantri heblaw am y chwe llofft, y ddwy atig a'r selerydd; ac yr oedd ei ddodrefn yn gweddu i'r dim iddo, yn gypyrddau tridarn, yn gadeiriau cerfiedig, yn fyrddau derw, ambell i soffa felfed hefo antimicasars drosti, organ a dwy neu dair o ddreseli a'r rheiny yn llwythog gan blatiau a jygiau a thepotiau lystr. Rhythai llwynogod ac eryrod a thylluanod yn ddiamcan o sawl cas gwydr ar y siffoneiars a'r silffoedd pen tân ac yr oedd crwyn llewod a chrwyn teigrod yn edrych yn safnrhwth oddi ar y lloriau ar y darluniau mewn olew a guddiai'n agos i bob modfedd o'r parwydydd. Yn y cefn yr oedd gardd sylweddol, honno hefyd yn ei thro yn dwyn dilysnodau'r aristocrasi gyda'i rhysedd o eirlysiau a'i saffrwn a'i daffodil bob gwanwyn, yn cael eu dilyn bob ha' gan ffiwsia a seithliw'r enfys a rododendron yn rhodresa yn eu gwyn a'u glas a'u porffor a thri chwarter erw o berllan ar ei chyrion i gadw Rhisiart Jones, y garddwr yn ddiddig drwy'r flwyddyn, a muriau bygythiol o gylch y cyfan, amddiffynfeydd cadarnach ac uwch hyd yn oed nag eiddo'r Faenol.

Ac yno ar ei phen ei hun y trigai. Bu amser pan oedd yno ddwy a thair o forynion mewn ffedogau gwynion a chapiau ffril i weini arnynt, ond yr oedd yr Oes Aur drosodd a hithau wedi ei gadael hefo'i hatgofion. Dôi ambell lythyr a cherdyn oddi wrth frawd yn Vermont a pharsal bob Dolig a'r Pasg gan chwaer o Sidney ond unwaith yn y pedwar amser y cofiai'r neiaint a'r nithoedd amdani. Claudia, merch ei brawd hynaf oedd fwyaf teyrngar, chwarae teg iddi, ond yr oedd Bath mor bell a'r nith mor brysur fel na allai daflu golwg ar 'Anti' mor aml ag y dymunai er ei bod hi wrth reswm yn edrych ymlaen at bicio yno i fwrw'r Sul ola' ym mis Mehefin bob blwyddyn, pan fyddai Reginald, ei gŵr, yn cynadledda ym Mhrestatyn.

Un fechan, fach, fodist oedd hi a gosgeiddig er gwaetha'r blynyddoedd, ei chorff yn lluniaidd fel balerina a'i gwallt wedi ei frwsio'n ôl yn dynn ac yn blethiadau o gwmpas ei chorun. Welais i neb â chanddi fysedd ac ewinedd mor hirion, rêl dwylo ledi, ac yr oedd croen ei hwyneb wedi'r holl dendans a roesai iddo'n dal yn wyrthiol. Ei gwddf oedd yr unig beth a ddangosai olion traul ei phedwar ugain ond gwnâi a fedrai i guddio'r rhychau drwy wisgo tagwr melfed du lletach na'i gilydd. Bu'n ddel rhyw dro pan oedd hi'n ifanc mewn ysgol breswyl yn Henffordd ac yr oedd dylanwadau gwareiddiol yr addysg honno wedi aros hefo hi gydol ei hoes. Dyna pam fod geiriau Saesneg go ddiarth yn britho'i siarad a bod ganddi chwaeth at fiwsig a chelfyddyd, y theatr a'r cylchgronau ffasiwn, er mai prin oedd y cyfleusterau iddi gartref i allu meithrin y cyfryw bethau.

Rhyw afiechyd pan oedd hi'n ifanc oedd wedi ei gwneud yn greadures mor ddelicet. Cofiai'r hen bobl iddi fod yn gorwedd am yn agos i flwyddyn a hanner pan oedd hi oddeutu'r ugain oed. Wyddai neb ddim beth oedd achos yr aflwydd hwnnw er bod rhai'n tueddu i feio'i mam, yr hen rasal, am iddi meddan nhw, wneud popeth a allai i rwystro'r garwriaeth a oedd wedi dechrau blaguro rhwng Estar ac un o feibion Plas Bodewryd. Gorfu i Mr Maxwell Kershaw ddod yr holl ffordd o Rodney Street i'w harchwilio ac fe fu'n gwthio pinnau i wadnau'i thraed am ddeuddydd, meddai Kate Owen, Dafarn Newydd ar ôl Elsi, hogan ei chneither, a ddigwyddai fod yno ar y pryd yn gweini. Ac roedd hi'n sgrechian dros y tŷ, y beth fach.

Ond fe droes ar wella er bod yr afiechyd wedi ei gadael mor fyddar â phostyn. Dyna pam yr oedd ganddi bob amser o gwmpas y tŷ yr amrywiaeth ryfedda o gyrn i'w rhoi yn ei chlustiau. Doedd yn y *Beethovenhaus* yn Bonn y bûm yno flynyddoedd yn ddiweddarach gasgliad hafal iddo, y 'Trym Pêts' chwedl hithau, gyda'r pwyslais bob amser ar yr ail sill; rhai ysgafn, rhai trymion, rhai hirion, rhai tewion, rhai sinc, rhai copr, rhai efydd, rhai aliwminiwm. Yr oedd un ganddi ar gyfer bob achlysur, afrifed oeddynt, ambell un ar ffurf tebot gyda thro sydyn yn ei big i ffitio'n daclus i'w chlust, un arall, y tebycaf a welwyd i gorn alpaidd ond ei fod fymryn yn llai, un pres tolciog at iws bob dydd, a'r un arian gorau ar gyfer y Sul.

Eisteddai yn y sêt agosaf i'r organ yn y capel ac yr oedd ei phen bob amser ar ogwydd nes bod y glust chwith a'r corn fel ei gilydd yn anelu'n union at ganol y pulpud. Dim ond unwaith bob blwyddyn, ar bnawn Diolchgarwch, pan dynnai Edward Williams, Tan y Bryn ar raffau'r addewidion yr eisteddai'n ôl a'i osod o'r neilltu. Ond fe daerai Nain nad oedd hi'n clywed yr un bŵ o'r eiddo Tan y

Bryn chwaith, dim ond ei bod hi hwyrach yn tiwnio fwy i'r ysbryd ar y diwrnod hwnnw, rhagor yr un achlysur arall. A'i thempo hi ei hun oedd ganddi pan godem i ganu — rhygnu bar neu ddau ar ôl pawb arall, a weithiau, er cryn ddifyrrwch i'r hogiau, fe ddaliai ati'n ddefosiynol i byncio ambell gytgan ar ôl i weddill y gynulleidfa hen roi'r gorau iddi ac eistedd.

Bob tro yr agorid drysau Bethlehem, fe'i gwelid hithau yn ei het haleliwia'n cyrchu i fyny'r allt tuag yno — deirgwaith bob Sul, i seiat a phob Seiat Dosbarth, Pwyllgor y Chwiorydd, Pwyllgor Cylchwyl, Pwyllgor Cymanfa, i bob un yn ddi-feth. A chlywodd hi erioed bregeth na phregethwr sâl. Mae'n wir fod ambell un yn well na'i gilydd a bod yn llawer rhagorach ganddi destun o'r *Hen Destament* nac o'r *Testament Newydd*, ond fe haerai fod neges gyfamserol i'w chael gan bob un a ddringai i bulpud y 'Deml'. Proffwydi'r Arglwydd oeddynt i gyd. Gorau oll pe gallent weiddi a chario B.A. ar ôl eu henwau, ac yr oedd medru ychwanegu'r B.D. yn dyrchafu cennad i dir mor uchel fel na allai'r brodyr di-radd cyffredin byth ei gyrraedd. Ond doedd ganddi hi ddim ond da i'w ddweud, hyd yn oed am draethu cynorthwyol hirwyntog yr hen Wmffra Dafydd, Cefn Pali yr aethai ei seren mor llwyr o dan gwmwl yn sgîl y stŵr a oedd wedi codi pan wnaeth gymaint o stremit rhwng dwy oedfa un tro drwy geisio plannu'i draed o dan y bwrdd ar aelwyd Catrin Ann, Cae Crin a hithau mor ffeind yn paratoi te iddo pryd bynnag yr oedd ganddo gyhoeddiad yn y Daith.

A hi oedd asgwrn cefn y gangen leol o'r mudiad dirwest. Chafodd yr un achos golofn gadarnach, lywyddes fwy brwdfrydig na chwaith swyddog gweinyddol mor ymroddgar, ac er nad oedd hi fawr o damaid i gyd, fe fu'n herio Satan a'i lu'n ddygn am drigain mlynedd. Ac os oedd Parlwr Mawr Treferddyn, y pencadlys, lle cynllunid pob strategaeth, ymhell o firi'r gad, yr oedd hi'n gwbl dawel ei meddwl mai ei gwylio dyfal hi a Loreta Tyddyn Creigiau a'u tebyg a gadwodd yr amddiffynfeydd cyhyd rhag cracio. Ar ei hysgwyddau hi hefyd, bob mis Mai, y syrthiai'r cyfrifoldeb arswydus o drefnu'r trip i lan môr Cemlyn, y jamborî fawr flynyddol oedd yn arddangosiad gyhoeddus o nerth yr 'achos' yn y fro.

Byddent yn ei chychwyn hi tua chwarter i ddeg y bore ar ôl cael y trafferthion arferol yn llwytho'r 'cloffion' a'r 'deillion', glewion brwydrau'r gorffennol, i waganét William Owen, Tŷ Bach — y selogion yn y ffrynt a'r dychweledigion diweddaraf ynghyd â rhai o ddisgyblion y torthau wedi eu pacio i'r sêt ôl. Troent eu cefnau'n herfeiddiol ar y Cefn Glas a'r *Crown* wrth brysuro drwy Lanfechell, a rantient ganeuon y mudiad wrth ddringo allt y Plas Pïl cyn cael o'i chopa yr olygfa banoramig gynta o'r môr a Mynydd y Garn ac Ynys y Moelrhoniaid.

Ac fe berthynai rhyw garisma iddi wrth arwain ei byddin i'r traeth — gorymdaith soniarus wedi ei harfogi â geiriau Anthropos i'r Cytgan Dirwestol, hithau'n chwifio'i breichiau'n union fel y milwr gwynt hwnnw yng ngardd gefn Llywelyn Henri'r Saer.

'Clywch, clywch yr udgorn floedd
O wersyll sobrwydd draw,
Ddirwestwyr arfogwch
Yn erbyn y gelyn ei ormes a'i frad,
Ewch a gorchfygwch, meddiennwch y wlad . . .'

Eisteddent ar un o'r twyni a nodiai pawb ei gymeradwyaeth wrth i soprano wichlyd y Tyddyn Creigiau ymgodymu'n fethiannus â nodau ucha'r *'Ymlaen'* —

'Ymlaen meddai adlais o fil o aelwydydd
Ymlaen meddai rhiaint yn ddrylliog eu llef —
Ymlaen medd y dagrau ar ruddiau'r amddifad
Ymlaen medd y ddaear, ymlaen medd y nef . . .'

A chontralto bygythiol Lisi Grês, Tyddyn Meri, o eigion ei bod, yn neidio i'r adwy cyn i Loreta orffen, i ysbrydoli'r llu ac i dywallt â'i dyrnau ynghau ei holl felltithion ar rengoedd y gelyn —

'Rhuthrwn fel glewion â'n harfau yn loewon
A mynnwn gael medd'dod a'i ormes i lawr,
Damniwn ei deyrnas, ei rwysg, ei deyrnwialen
A mathrwn ei orsedd yn llwch dan ein traed . . .'

A phawb, yn un cresendo ar y diwedd yn mynnu buddugoliaeth nes bod y creigiau'n atseinio'u lleisiau dros y tonnau a'u gwneud yn gwbl glywadwy i unrhyw un a ddigwyddai fod ar drwyn yr Wylfa yr ochr arall i'r bae —

'Rhuthrwn fel glewion â'n harfau yn loewon
A mynnwn gael meddwdod i lawr —
Ac uwch yr adfeilion cyd-floeddiwn y goncwest,
Awn a meddiannwn y wlad.'

Ac yna, fe gynhelid chwarter awr o fabolgampau ar gyfer yr ychydig dethol a allai redeg neu neidio cyn syrthio o bawb yn wancus ar frechdanau jam eirin perthi a chacennau cri yr oedd aelodau'r pwyllgor wedi eu paratoi gryn dridiau ynghynt.

Ond, er ei chrwydro mynych tua Bethlehem, a'i sêl dros ddirwest, ffydd heb weithredoedd oedd ganddi. 'Wedi gwirioni'i phen hefo'r hen Fartin Luther 'na,' — dyna farn ambell i sglaig o ddiwinydd yn nosbarth ucha'r Ysgol Sul, a chlywyd sôn am antinomiaeth a phethau dyrys felly unwaith y bu farw. Doeddem ni ddim yn deall pethau o'r fath wrth reswm, er y gwyddai pawb fod 'rhen Estar yn ddihareb o gwta.

Cofiai Louise yn Awstralia amdani ddwywaith y flwyddyn ac yr oedd tri phantri Treferddyn yn llawn pan oedd cypyrddau'r ardal dros gyfnod y dogni bron yn gwbl wag. Dôi'r parseli i Amlwch ar y trên ac fe'u cludid i ben eu taith ar lori Ben, yr L.M.S. — trybolau o siwgr a reis, pacedi coco a choffi, a hamiau a chigoedd o bob math, tuniau gellyg a bricyll ac afal pîn a llond gwlad o orennau a chnau, dêt a ffigys. Ni wyddem ni beth oedd na banana na jeli nes oeddem oddeutu saith i wyth oed, a'u gweld yn unig a gawsom bryd hynny, pan dywyswyd ni'n chwilfrydig o'r ysgol, fel rhan o'n haddysg, at ei giât, i rythu ar yr arddangosfa yr oedd hi wedi ei pharatoi o ddulliau tra estronol o fyw. Roedd yno ddigon i gadw byddin am sbel go lew. Ond rannai hi ddim â neb. Byddai'n bwyta fel petai newydd ddod o warchae ym mhob te parti yn y 'sgoldy neu ar aelwyd rywun arall, ond gwasgai'n greulon arni hi ei hun weddill yr amser. Ni châi ambell i barsel ei agor am fisoedd. Câi'r llinyn ei ddatod mae'n wir, a'i gadw, ond gadewid y bocs yn ei bapur a'i gynnwys i rydu'n aml ar lawr llaith y briws. Yr oedd rhyw gadw tragwyddol felly ynddi, rhyw grafangu greddfol na allodd erioed ymddihatru'n llwyr oddi wrtho. Thaflai hi ddim i ffwrdd, ddim hyd yn oed y nialwch mwyaf diwerth, ac yr oedd ei selar yn orlawn o'r trugareddau odiaf, tuniau a photeli gweigion, llestri wedi cracio, potiau a chawgiau a oedd wedi hen weld eu dyddiau gwell ynghyd â thomennydd o ffrwythau wedi crebachu'n grimp.

'Cadw mi gei,' dyna'i harwyddair — 'fe ddaw popeth at iws bob deng mlynadd.'

Byddai'r llefrith a rôi yn ei the yn aml wedi suro, ac yn amlach na pheidio wedi twchu'n solat. Ond doedd gweld y talpiau llwydwyrdd yn disgyn yn blwmp i'w chwpan yn mennu dim arni.

Y duedd, meddan nhw, pan fo dyn wedi colli un o'i synhwyrau yw i'r cydbwysedd gael ei adfer drwy i un neu ragor o'r lleill fod yn fwy siarp. Ond nid dyna'r hanes yn ei hachos hi canys yr oedd hi'n gwbl amlwg i'r sawl a'i gwelodd hi'n sipian ei choffi nad oedd y ddawn i flasu ganddi chwaith. Gadawai bob mathau o fwydiach, cigoedd, bara, crystiau, cacennau, a jamiau i sefyll a chaledu a chroeni yn ei chegin nes troi yn aml yn llwydni tew, ac yng nghyflawnder yr amser, fe fyddai'n bwyta'r cyfan, y llwydni a'r cwbl! A dyna yn ôl rhai, beth oedd cyfrinach ei hirhoedledd. Wedi'r cyfan yr oedd y cemegau antibiotig mwyaf effeithiol yn holl hanes meddygaeth, y *Penicillium Notatum*, yn cael eu lleibio'n feunyddiol wrth eu miloedd oddi ar fwrdd Treferddyn. Lladdent bob bacteria, erlidient bob meicrob a diheintient bob amhuredd a hynny cyn bod erioed sôn am Syr Alexander Flemming na'i gampau!

Ond bob diwedd ha' câi ei meddiannu gan ryw raslonrwydd mawr. Dôi allan i'r ffrynt ambell fin nos yn Awst gyda llond powlen enaml o falau surion bach ac eirin wedi goraeddfedu i'w rhannu i blant y proletariaid. Tyrrem ninnau yno'n giwed anwaraidd gan wthio a gwasgu o'i chwmpas ond chollai hi byth mo'i hurddas, dim ond nodio'n gwrtais a gwenu'n nawddoglyd fel oedd weddus i un o'i thras. Nid anghofiodd hi erioed mai un o'r Pryse Edwards ydoedd a'i bod o linach yr hen uchelwyr a darddai o un o bymtheg llwyth Gwynedd. Ond tra byddai hi allan, fe neidiai Robin Gwelfor ar ysgwyddau Pyrs Gorffwysfa a chrafangai dros y mur i'r berllan, a fyddai o fawr o dro wedyn nad oedd o wedi llenwi pob poced hefo'r ffrwythau cochaf, cyn ei sgrialu hi'n ôl a'i gwadnu hi gyda'r llawiau agosaf i bonciau Clegyrog i rannu'r ysbail. Digwyddai'r cyfan mor slic fel nad oedd beryg i neb ei weld, ac eithrio hwyrach y gath, a doedd dim posib iddi hi chwidlo, galled oedd.

Cwrcath mewn gwirionedd! Y trilliw doethaf yn y gymdogaeth — hen lanc sobor o gartrefol, Alexander Rufus wrth ei enw. Gallai Alec wneud popeth ond siarad a chan fod y naill yn fud a'r llall yn fyddar yr oedd cyd-ddealltwriaeth hynod wedi datblygu rhyngddynt. Sylweddolai Alec cystal â neb nad oedd ei feistres yn clywed a phe digwyddai i rywun alw a hithau yn y parlwr bach yn darllen, fe godai o'r gadair siglo ac âi'n syth i'r lobi. Roedd cwarel goch yn nrws y portico ac unwaith y llwyddai i roi ar ddeall i'r ymwelydd eu bod hwy eu dau gartref, âi'n ôl at Estar a'i tharo'n ysgafn ar ei choes. Os oedd hi wedi ymgolli yn yr Esboniad y digwyddai fod yn pori ynddo ar y pryd, y Doctor Owen Thomas ar yr Epistol at yr Hebreaid gan amlaf, fe roddai Alec baweniad ffyrnicach iddi gan ddyfalbarhau nes ei gorfodi i gydio yn ei 'Thrym Pêt' a llusgo am y drws.

Olynydd Alexander oedd banw ddu, nwydwyllt, na chymerodd ond deufis ar ôl dod yno i gynhyrchu torllwyth o'r petha dela' na allai hi, gwaetha'r modd, ddim fforddio eu cadw, a bu raid i Rhisiart y garddwr eu gollwng mewn tudded gwyn i lawr y siafft yn y berllan.

'Naomi wedi dod â gwarth ar fy mhen i 'ngenath annw'l i,' meddai wrth Meri rhyw fore, 'yr hen jadan ddrwg iddi hefyd, ma'r stori'n dew yn y pentra 'ma — dwi wedi ypsetio fu rioed ffasiwn beth. I feddwl na chollais i 'run awr o gwsg hefo Alec dlawd, pan oedd o . . . '

Codi'i chwch wnaeth Naomi cyn hir a chafodd yr un gath byth ddeintio carreg ei drws hithau wedyn.

Yr oedd Meri wedi dechrau taflu golwg arni yn ystod ei blynyddoedd ola' ac yr oedd ganddi gryn feddwl o Meri. Bu Meri yn forwyn fach yn Nhreferddyn ryw dro ac fe ddaliai i droi i mewn ambell waith i edrych amdani er ei bod wedi hen briodi a magu'i theulu erbyn hynny. Doedd byw na marw gan Estar nad âi Meri yno'n amlach, ac fel y bu wirionaf ildiodd hithau'n raddol nes canfod, pan oedd hi'n rhy hwyr, bod yr hen ferch wedi mynd i ddibynnu'n gyfangwbl arni, yn hawlio sylw nad oedd ganddi'n aml na'r amser na'r awydd ei roi iddi, ac yn mynnu ei bod hi'n dod i mewn bob nos a phob bore. Dim ond gan Meri a'r Gweinidog yr oedd yr hawl i fynd i'r llofft a hithau yn ei gwely. Gan Meri yr oedd y goriad i fynd i'r tŷ. Meri oedd yn gwneud tân ac yn mynd â dŵr molchi iddi bob bore; hi fyddai'n cribo'i gwallt, yn gwneud brecwast iddi, yn cyrchu i'r siop ddwywaith a thair y dydd. Meri wnâi hyn. Meri wnâi'r llall. Mewn gwirionedd Meri wnâi bopeth, a'r cyfan, ond am ambell i bot jam riwbob wedi llwydo, yn rhad ac am ddim.

Gyda threigliad amser bu farw Julian yn Vermont a Louise yn Sidney ac fe aeth cynadleddau Prestatyn yn bethau prinnach. Ymddeolodd Reginald ar bensiwn hael y cwmni a doedd gan Claudia fawr o awydd wedyn i deithio mor bell, dim ond i fwrw'r Sul yn Sir Fôn, '*especially*', gan fod Anti'n ddiweddar wedi mynd yn *'so trying'*.

Bron na thaerai Claudia hefyd ei bod hi'n dechrau mynd yn *'senile'*, er bod Mary bob amser, yn *'so very kind. Bless her'*.

A'r unig beth a dorrai ar undonedd bywyd yn Nhreferddyn erbyn hynny oedd ambell i lythyr. Âi Meri â fo i fyny gynted ag y dôi'r post gan wybod yn burion y bwriai'r ohebiaeth yr hen Estar oddi ar ei hechel am dridiau —

'Llythyr i chi Miss Edwards.'

'Stynnwch y Trym Pêt i mi Meri. Be ddeudsoch chi Meri fach?'

'Llythyr.'

'Prysur? Ydach chi wir 'ngenath i?'

'Na, nid prysur Miss Edwards . . . ll . . . yth . . . y . . . r.' Dôi cryndod drosti'n syth —

'Be ydi'r marc post Meri?'

'Bath — Miss Edwards, sgwennu Mrs Claudia Ward Digby dwi'n siŵr.'

'Claudia? O! diar, gobeithio bod Reginald yn iawn 'tê Meri? Mi fu'n cwyno'n arw hefo'i frest y gaea' dwytha w'chi. Dyna pam yr aethon nhw am *cruise* i'r Bahamas 'tê? Reg druan.' A gosodai'r amlen ar y bwrdd wrth erchwyn ei gwely —

'Stynnwch y Beibil i mi, Meri, 'mlodas i. Mi wyddoch yn iawn na fydda i byth yn agor yr un llythyr heb yn gynta ddarllan adnod neu ddwy o'r Hen Lyfr — jyst rhag ofn fod 'na newydd drwg ynddo fo 'tê.'

Ac eisteddai Meri ar yr erchwyn tra darllenai hithau un o'r Salmau —

'Dyna fo. Ble mae'r *paper knife* Meri fach?'

'I lawr yn y parlwr Miss Edwards.'

'Ydio'n ormod o draffarth i chi 'i nhôl hi. Fydda i byth yn lecio rhwygo amlen *any old how*. Dydio ddim yn beth neis, yn nac ydi Meri?'

'Nac ydi Miss Edwards.'

Ac ymhen hir a hwyr fe'i hagorai — a'r un oedd byrdwn y neges bob tro. Na, doedd Reginald ddim wedi bod yn dda, pwl drwg arall o'r *asthma*, ond wedi troi ar wella unwaith eto drwy drugaredd, er ei fod o'n teimlo'n eithriadol o wan. *Poor soul*! Lucinda, hogan hyna Charles, yn Bourton wedyn, hithau, *poor wretch*, wedi cael y frech goch. Amser *difficult* rhwng popeth, er yn ddieithriad, fe geid tinc gobeithiol yn y *P.S.* ar y diwedd.

'P.S. Longing to see you Anti darling! The sooner the better. And so say all of us. Don't despair and hold the fort FOR WE ARE COMING.

As always,
Claudia.'

Ac fe'i darllenai ddwsinau o weithiau gan ddiolch i Ragluniaeth am arbed Reginald am flwyddyn arall ac am iddo hefyd, yn ei ryfedd ras, weld yn dda i adfer Lucinda fach.

'Dydi Claudia yn dda wrtha' i Meri? Yn mynd i drafferth fel hyn bob blwyddyn i sgwennu a hithau mewn cymaint o helbulon. Un ffeind fu Claudia rioed — *Hold the Fort for we are coming*, da yntê? Wel, rhaid i minna drio 'ngora er eu mwyn nhw, yn bydd Meri?'

Ac fe stryffagliodd cyhyd ag y gallai ond pan aeth hi'n rhy hen a rhy fusgrell doedd neb ar gael i gynnig ei aelwyd iddi. Doedd gan Meri ddim llofft sbâr yn ei bwthyn ac fe ddirywiai cyflwr Reginald bob tro y cyrhaeddai'r adroddiadau diweddaraf amdani i Bath. Awgrymwyd *Fulford Ings* yn Llandudno ond deddfodd Claudia fod tair punt a chweugain yr wythnos yn ormod i Anti'i dalu. Doedd dim amdani felly ond Y Fali, ac ar y pryd yr oedd enw'r lle ynddo'i hun yn ddigon i godi hunlle — am mai wyrcws newydd raddio'n Gartre oedd yno. Ofnid Y Fali yn fwy na charchar neu wallgofdy, neu hyd yn oed farwolaeth.

'Mi edrychan ar eich ôl chi Miss Edwards fach,' oedd perswâd Meri, 'ac mi ddo' inna i'ch gweld chi bob wythnos. A dwi'n siŵr y bydd Mr Jôs gwnidog hefo chi'n amal hefyd. A fyddwch chi fawr o dro na fyddwch chi wedi mendio'n ddigon da i gael dŵad adra. Mi fydd Treferddyn yn iawn. Mi ddo' i yma bob dydd i neud tân ac i gadw'r lle'n eirin.'

Doedd ganddi ddim egni i gynnig unrhyw wrthwynebiad. A'r diwrnod hwnnw'n drist a distaw aed â hi i ffwrdd yn Vauxhall William Lewis. Rhoddwyd hi ym mhen draw eithaf Ward y Merched. Roedd yno bump a deugain o welyau i gyd. Suddodd hithau rhwng y cyfnasau — dim ond ei phen a'i thrwyn oedd yn y golwg.

Fe gadwodd Meri ei haddewid iddi. Aeth yno ddwywaith yn ystod y pythefnos gyntaf i'w gweld. Bu'r blaenoriaid hwythau'n bwrw eu bara ac yn hofran o'i chwmpas fel y gwnaethant gydol y blynyddoedd. Ond ymhen llai na mis yr oedd hi wedi marw — o dorcalon yn y plygain un bore Sul — mynd fel diffodd cannwyll.

O fewn deuddeng awr, yr oedd teulu Ward Digby wedi cyrraedd, Claudia'n ddigon toredig mae'n wir, ond Reginald wedi ei feddiannu gan ryw egni newydd ac fel ebol dwyflwydd yn mynd ac yn dod gyda'r trefniadau.

Agorwyd dau o barseli Awstralia ar ddydd yr angladd a chaed gwledd i'w chofio. Doedd Reginald ddim wedi clywed cystal blas ar fwyd ers talwm. Priodolai'r cyfan i'r *change of air*. Meri a Loreta Tyddyn Creigiau oedd yn gwasanaethu byrddau a bu hen gladdu wrth i bawb, y neiaint a'r nithoedd, ddwyn ar go' ddyddiau plentyndod pan ddeuent at Anti i dreulio'r gwyliau.

Ar ôl te gwelwyd Clitton y twrna'n dechrau gogrwn. Yr oedd yn amser i bawb fynd drwodd.

'Ladies and Gentlemen,' galwodd, *'Would you accompany me to the Library for a few minutes? I shan't keep you long. There is just one matter I should like to discuss before you all depart.'*

Dechreuodd Claudia sniffian tra ymdrechai'r lleill, ar waetha'r tyndra, i gadw'u hunan feddiant.

Oedd yn wir, yr oedd Anti Estar wedi pluo'n rhagorol. Cyhoeddodd Clitton fod y stad yn werth £43,750.

'I bequeath £25,000,' darllenodd, *'to my favourite niece, Claudia Ward Digby, The Lench House, Norwood Close, Bath, for her unflinching loyalties over the years.'*

Troes sniffian Claudia'n un cenlli o ddagrau. Gwnâi'r nadau rhyfeddaf nes i Meri'n ffrwcslyd, orfod rhuthro i'r adwy efo *Smelling Salts*. Ond doedd Reginald ddim wedi cyffroi. Âi i edrych yn well bob munud.

Yr oedd wedi gadael pum mil i Lucinda hefyd ac nid aeth yr un o'r lleill adre'n waglaw chwaith. Roedd yr Achos Dirwest yn gyfoethocach o chwe chan punt a Bethlehem o bum punt ar hugain. A Meri —

'for everthing,' i gael deg gini ynghyd â'r tuniau bwyd a ddigwyddai fod yn weddill yn y pantri.

'O! Reg — I'm so glad she did not forget dear old Mary,' sylwodd Claudia wedi ei llwyr adfer erbyn hynny. *'She was ever so good to her.'*

Arhosodd teulu Bath yno am ddeuddydd arall i drefnu gogyfer â symud y dodrefn a phetheuach eraill o Dreferddyn i'w tŷ ha' yn Worthing.

'And as for the rest of the clutter, Meri fach,' ebe Claudia cyn

cychwyn, '*Get rid of it*. Wyddoch chi'r *old books* yn y *Library*, hen dillad i Anti, *letters, paintings* a petha felly — *burn them dear*. Dydyn nhw ddim ond *rubbish you know. And send us the key when you've finished.*'

'Olreit Mrs Ward Digby,' atebodd hithau'n daeogaidd.

'*And thanks a million* unwaith eto. *For everything* 'tê. Mi gofia' i amdanoch chi am y *last favour* dwetha 'ma. Gwnaf wir.'

'Ond does dim raid i chi neno'r tad. Mi fu Miss Pryse Edwards mor ffeind yn gadal deg gini . . . '

'*Won't we Reg? And we shall certainly keep in touch.*'

Rhoddodd Reg glamp o gusan ar ei boch cyn i'r ddau neidio i'r cerbyd.

'Bei! Bei! rŵan 'ta. Bei! Bei!'

Taniodd y peiriant a chyn i Meri ddod ati hi ei hun yr oeddynt wedi fflachio o'r golwg heibio'r tro ar waelod yr allt.

* * *

Yr oeddwn i a Twm, hogyn fenga Meri, tua'r un oed —

'Ddoi di i'n helpu ni i glirio petha 'rhen Estar,' gofynnodd un bore, 'ma' Mam wedi cael gordors i gael gwared â phopath sy' ar ôl.'

A dyna lle buom fel dau Folshi yn rhuthro am dridiau drwy'r tŷ. Gwagio llond cistiau o hen ddilladau neiniau a theidiau Treferddyn, gwisgoedd priodas, cotiau cynffon deryn, trowsusau streip, hetiau silc a'u casglu'n bynnau. Llenwi llond sachau o lythyrau a chardiau a'u llusgo allan. Tynnu'r lluniau olew oddi ar y muriau. Anrheithio'r llyfrgell yn llwyr a chario'i chynnwys ar ferfa i'r berllan a neidio'n lloerig o gwmpas y goelcerth. Llibindio cyfrolau cloriau swêd a lledr a'u rhwygo'n Philistaidd cyn eu bwrw'n rhacs i'r fflamau. Plant y proletariaid, o'r diwedd, yn cymryd meddiant o bopeth, yn dilyn eu greddf, yn gorfoleddu uwchben yr anfadwaith ac â'u diffyg chwaeth a'u hanwybodaeth yn dinistrio'r cyfan heb sylweddoli eu bod yn llosgi gwerth ffortiwn.

A fu pethau byth yr un fath yn y pentre ar ôl hynny. Yr oedd marw Estar Pryse, Treferddyn yn ddiwedd cyfnod.

Seimon Llety Llaith

Fel pob hogyn ysgol arall roedd gen innau f'arwyr. Agorai Jac Ikin y batio i Gaerhirfyn ac yng ngwersi Algebra Huws Cem, bûm yn bartner iddo droeon. Cofiaf sgorio cant yn erbyn Morgannwg un tro. Chwaraeai Billy Liddell ar yr asgell chwith i Lerpwl. Fi, wrth ddriblio rhwng y twmpathau yng Nghae'r Orsadd oedd ei fewnwr a'i gapten ac ar yr adegau hynny ennynwn innau edmygedd y Kop. Fe sgubai Jessie James y Gorllewin Gwyllt yn lân ar sgrîn y *Royal* yn Amlwch bob pnawn Sadwrn a phan saethwyd o yn ei gefn bûm yn chwilio am y bradwr Ford ym mhob twll a chornel, yr holl ffordd o Goed y Felin Nant i waelodion Llanol, canys doedd unlle tebycach i Laramie a Wyoming. Deuthum ar ei warthaf hefyd ac yntau'n llechu rhwng y brwyn a'r helyg yng nghors Salbri. Chafodd o ddim trugaredd chwaith. Do'n wir, fe unionwyd y cam. Y tri hyn a mwy, er mai Seimon Llety Llaith oedd yr arwr pennaf o'r cwbl . . .

Cyfuniad o Wil Bryan a Twm Nansi, dyna Sei, yr hogyn drwg traddodiadol nad oedd ond ryw dair neu bedair blynedd yn hŷn na mi. Ond, am ei fod yn ystod y tymor byr hwnnw wedi achub y blaen ar bawb ohonom i fagu peth wmbredd o brofiadau rhyfedd ac ofnadwy, câi ei ystyried yn gawr yn ein mysg. Scilffyn tenau mewn trowsus cwta a siwmper goch a chatan o dei am ei wddf, a'i sanau yn absenoldeb y gardysau lastig oedd mor ffasiynol bryd hynny, yn llithro'n llac at ei sgidiau i amlygu dwy goes frown oedd yn frith o greithiau piws a chramennau, effeithiau ei fynych wibio drwy'r drain a'r mieri yn y ponciau.

Awn ar ei ôl i ba le bynnag yr âi er mai ieuad digon anghymarus oeddem ni hefyd wrth gymowta ar hyd y lle hefo'n gilydd; — Sei'r symudwr hyderus, minnau â'm tafod allan yn gorfod rhoi tri cham am bob un a roddai o; fo'n gallu llamu fel y milgi a minnau'n deriar bach coesfyr yn tuthio'n ffrwcslyd gryn ugain llath bob amser ar ei ôl. Ond dyweder a fynner, wrth ei draed o, Gamaliel fy llencyndod cynnar, y bwriais i 'mhrentisiaeth ac y dysgais bopeth sydd o werth am y byd o'n cwmpas — am adar a blodau, am greaduriaid ac ymlusgiaid, am drychfilod a llyngyr, brogaod a chacwn a physgod. Gallai ddatrys holl ddirgelion eu byw a'u bod ac yr oedd ei glustiau wedi eu tiwnio'n sicr i'w sŵn hwy a sŵn holl leisiau eraill y cread.

Ac am ei fod o'i ysgwyddau'n uwch na'r un ohonom y rhoddem ninnau iddo'r parch a ymylai'n aml ar eilunaddoliaeth. Roedd ganddo ran ym mha ddireidi bynnag a gyflawnid. Bûm mewn mwy o helyntion hefo fo na neb, trybini yn dilyn trybini yn dilyn trybini a'r syndod ydi ein bod ni'n dau yn fyw i ddweud y stori. Gallai'm perswadio i wneud beth bynnag fyd a fynnai, gryfed ei ddylanwad arnaf. Os oedd Sei yn dweud y gallwn i gerdded ar draws Cors Clegyrog heb foddi — ei chroesi a wnawn. Fe ddylai o wybod. Un afon gwerth yr enw oedd yn yr ardal i gyd ond yr oedd yr Alaw, neu'r 'afon Fawr', wrth lifo drwy'r Gwredogydd meddai 'nhaid wedi hawlio bywydau dwsinau o blant bach del a diniwed! —

'Paid â mynd ar gyfyl yr afon Anga' 'na,' oedd y rhybudd beunyddiol yn ein tŷ ni. Ond fe'm llusgwyd gan Sei droeon ar ei thraws.

'Neidia ar fy nghefn i was a glyna fel gelan.'

Roeddwn i'n saff ar ei sgwydda fo a doedd dim sicrach na chroesem yn hwyr neu'n hwyrach i'r lan arall yn ddihangol. Hel blodau gwylltion yng nghors Salbri. Hel nythod gwylanod yn Llyn Fodol. At ein canol yn y naill. At ein gyddfau yn y llall. Gwlychu fel dau sbangi, tynnu'n dillad bob cerpyn ac yn noeth fel dau eog, eu gadael am oriau i sychu ar y perthi. A chofio pannu'n sanau yn erbyn y creigiau i gael gwared â'r soegni cyn mynd adre. Nid am ein bod yn ofni niwmonia, beth bynnag oedd hwnnw (canys roedd Sei wedi dweud nad oedd hi'n bosib cael annwyd 'rôl gwlychu mewn cors — gwlychu mewn glaw oedd yn beryg medda fo), ond am fod gan Mam ryw obsesiwn dragwyddol efo traed gwlyb ac roeddwn innau'n fwy na pharod i osgoi unrhyw hen rwdl ym mhob croesholi amser swper.

Ond cofier nad denu dyn i beryglon a'i adael yno ym mhen ei helynt er mwyn camu'n ôl i chwerthin am ei ben a wnâi Sei, eithr cynnal breichiau pawb, cyfarwyddo ac arwain.

Fo, adeg sglefrio oedd y cyntaf i fentro ar draws pwll Clegyrog i weld oedd o'n dal. Mae'n wir y disgwyliai i bawb arall ei ddilyn, hyd yn oed os oedd peryg i'r rhew gracio, a gallai fod yn ddigon siort hefo creadur go nerfus weithiau — ond doedd dim dadl nad fo oedd yr arloeswr. Y peth hawsaf yn y byd oedd bod yn wrol ac yntau wedi rhyfygu i roi esiampl. Dringai Sei i fyny i gorn hen adfail y Muldy wrth chwilio am nythod drudwy, fel petai'n un o'r caerau cadarnaf, a rhoddai hyder i minnau i'w ddilyn er y gwyddwn nad oedd angen fawr mwy na chwythiad i beri i'r cyfan gwympo'n deilchion i lawr drwy weddillion y to. Gallai effeithiau brathiad madfall, meddan nhw bryd hynny, fod yn seithwaith gwaeth na brathiad cobra ond byddai Sei'n dal madfallod wrth y dwsinau, yn eu hanwesu ar gefn ei law ac yn caniatáu iddynt rasio i fyny'i lawes. Cadwai hanner dwsin o wiberod mewn poteli *Corona* yn y tŷ bach yng ngwaelod yr ardd gartre a'u bwydo hefo llyffantod o ffynnon Treiolfa. Roedd o wedi cysgu hefo dwy ffuret yn ei gesail un tro, ac i goroni'r cwbl, fel pe bai angen mwy o argyhoeddi arnom, yr oedd wedi cerdded drwy Goed Tai Hen a heibio i fynwent hen eglwys Rhosbeirio am hanner awr wedi dau ryw fore a hithau cyn dywylled â'r fagddu, a bu fyw i ddweud ei stori hefyd, er nad oedd wiw iddo, chwedl yntau, roi'r holl fanylion inni, rhag i'r peth amharu arnom.

Ac roedd fy ffydd i'n gryfach ynddo am mai fo, o ddigon, pan ddôi'r galw, oedd y cwffiwr gorau. Doedd dim ond rhaid iddo gau un dwrn a'i gaddo hi hefo —

'Weli di hwn,' a chodi'r llall yn fygythiol a dweud, 'hwn sy'n beryg,' i beri i bob egin focsiwr swatio'n eitha sydyn. Ganddo fo y gwelais i'r pâr cyntaf o fenig bocsio a byddai'n ymarfer ei grefft bob min nos am dri chwarter awr drwy bannu'r cwdyn caled a hongiai gerfydd darn o raff o do'r cwt golchi. Yr oedd tomennydd o hen rifynnau o'r *Boxing News* yn llenwi pob cornel o'i lofft a doedd yr un dim nas gwyddai am na Phrimo Carnera, Max Schmelling na Freddie Mills. A bu'n gweld Bruce Woodcock yng nghastell Abergele un tro pan oedd y brawd hwnnw yn paratoi ar gyfer y ffeit fawr yn erbyn Joe Baksi. Y brofedigaeth fwyaf gafodd Sei erioed oedd clywed W. Barrington Dalby, dair wythnos yn ddiweddarach, yn torri'r newydd fod asgwrn gên ei arwr wedi ei gracio yn y rownd gyntaf. Ymserchodd mewn restlio ar ôl hynny a chofiaf i ni'n dau gael mynd i Gaergybi un nos Sadwrn i weld y Man Mountain Benny yn cael y gweir orau gan Bob Silcock o'r Fali. Os oedd Sei o 'mhlaid i felly, ac yntau wedi gwneud astudiaeth mor drylwyr o'r ddwy grefft, pwy yn enw rheswm a allai fod i'n herbyn?

Ac roedd ei air o'n derfynol bob amser a ninnau bob un â'r parch mwyaf at y côd yr oedd wedi ei lunio ar ein cyfer, rheolau fel eiddo'r Mediaid a'r Persiaid yr oedd anufudd-dod iddynt yn gyfystyr â brad. Haerai Sei nad oedd hi'n drosedd o gwbl dwyn blodau o unrhyw ardd gefn. Dyna pam yr heidiem o gwmpas bob gwanwyn hefo clychau babi lond ein hafflau. Mater arall wrth reswm oedd neidio dros wal ffrynt i ddwyn falau. Progio digywilydd oedd peth felly yn haeddu curfa'n cyfateb i haerllugrwydd a ystyriai ef fel un tra anghyfrifol. Doedd dim o'i le mewn cymryd un ŵy — dim ond un — o nyth dryw, neu dderllwyd bach neu dderyn to neu lafnas felan na chwaith mewn ysbeilio'n llwyr bob nyth pioden a brân dyddyn yn yr ardal. Wedi'r cwbl doedd y rheiny ddim yn haeddu amgenach triniaeth a hwythau mor chwannog i bigo llygaid ŵyn Bryn Pabo yn lân o'u pennau. Ac yr oedd ganddo hefyd argyhoeddiad na ddylai wythnos ysgol barhau mwy na thri diwrnod a hanner. I beth yn enw popeth yr oedd yr *Welsh Dicteshion* yn dda ar bnawn Mawrth, a doedd o ddim yn hidio chwaith am y *Singing* a'r *English Composishion* ar ddydd Iau.

Esgeuluso'r *Composishion* oedd yn bennaf gyfrifol ei fod o'n Sais mor sâl. Fe ddaeth rhywun heibio yn ei fodur ar waelod Allt Ffôr un diwrnod a ninnau'n dau ar ein ffordd adre ar ôl bod yn chwilio am nyth crëyr glas yng nghoed Dwygir.

'*We want to go to Rose Cotch son, are we on the right track?*' holodd y dyn diarth.

Yr oedd Sei yn stachu ar ei Speed King newydd a oedd yn cario'r ddau ohonom — fo'n tradlio a minnau'n dal fy ngafael ar ganol y llyw wrth eistedd yn sobor o anghyfforddus ar yr asgwrn cefn.

'Be mae o'n 'i ddeud d'wad?' gofynnodd.

'Wel, isio gwbod y ffordd i Rosgoch siŵr iawn. D'wad wrtho fo.'

'Be ddeuda' i?'

'Dim ond deud wrtho fo am fynd i fyny'r allt 'ma, a throi ar yr ochor dde yn y top, cyn mynd i lawr ar 'i ben i'r pentra. Fedar o ddim methu.'

'*Come on lad, are we or aren't we?*' meddai'r dyn yn biwis.

'Be 'di allt d'wad?'

'*Hill.*'

'O ia — be 'di llaw dde ta?'

Daeth rhyw atal dweud rhyfedd drosto —

'W . . . w . . . well . . . go up this hill, yes?'

'Yes,' ebe'r gŵr yn dechrau sirioli.

'Then turn on your side, this one yes,' (gan godi ei law dde) . . . *'and then strêt down on your hèd to Rhosgoch . . . but when you get there, there's nothing there yn tôl, but a* . . . a, be 'di tŷ tafarn d'wad?'

'Pyb.'

' . . . *a drinking house and a station and chapel Pengarnadd in a quarter of a mile, but that is only open on Sundays* . . . '

'Wyddost ti be?' meddai'n hunanfoddhaus, wrth godi'i fawd ar y dyn — 'ma' tipyn o Saesnag yn handi weithia hefyd — tasa'r hen Sgŵl ddim ond wedi nghlywad i rŵan, lle'i fod o'n hefru bob dydd fod gan y cwningod ym mhonica Alma well crap ar yr iaith fain na Seimon Thomas Humphreys, Llety Llaith — y cythral digywilydd iddo fo.'

* * *

A meddwl am Sei wnês i hefyd pan ddywedodd rhywun yn ddiweddar na fedar plant heddiw ddim chwarae fel y medrem ni bryd hynny. Mae'r nialwch sy' ar y farchnad y dyddiau hyn, yr amrywiaeth trugareddau, y tomennydd teganau, yr *Action Man* a'r Dyn Bionig a chreaduriaid rhyfedd ac ofnadwy fel y *Cyborg* a'r *Android* a'r *Mutons*, heb sôn am gemau gwneud, y *Kung Fu* a'r *Evel Knievel*, wedi eu difetha'n lân loyw ac wedi lladd pob dyfeisgarwch. Gwneud eu teganau'u hunain y byddai plant yn ystod yr Ail Ryfel a chyn hynny, pêl swigan mochyn, bagal sling, barcut gwynt a ffliwt o goeden jacmor. A dyfeisio'u chwaraeon eu hunain yn ogystal er bod rhai ffefrynnau yn gyffredin i bob ardal, chwarae cylch a chwarae top, chwarae marblis a chwarae capiau heb sôn am y campau corfforol mawreddog, yr ymaflyd codwm, y gwneud dyn newydd a dangos yr Werddon ac ati.

Yr hyn oedd yn od oedd fod i bob chwarae ei dymor pendant ei hun a'r hyn oedd yn odiach oedd ein bod yn dod i wybod, heb i neb gario'r wybodaeth yn swyddogol o un ardal i'r llall, pryd yn union y byddai cyfnod un math o chwarae'n gorffen a'r llall yn cychwyn.

Cylch newydd sbon danlli gefais i gan Siôn Corn un tro. Nid olwyn beic wedi ei diberfeddu dealler, ond cylch a bach haearn o waith John Huws y Gof. Ac fe fuom yn chwarae cylch bron bob dydd tan ddiwedd yr ail wythnos ym mis Mawrth. Wn i ddim pam y rhoddem y gorau iddi ddechrau'r gwanwyn ond erbyn hynny roeddwn i'n gryn feistr ar y grefft, yn ail i neb ond i Seimon Llety Llaith.

Ac fe ddechreuodd y tymor chwipio top yn syth. Prynu casgen a pheg top yn Siop Fawr gan Roland Jôs a llunio chwip o greiau lledr sgidiau hoelion mawr a dechrau chwipio'n ffyrnig nes bod y topiau'n llamu i'r awyr ac yn disgyn yn daclus lathenni i ffwrdd oddi wrthym. Gallai chwipiwr medrus gadw'i dop yn fyw yr holl ffordd o'r ysgol ambell dro. A Sei oedd y pencampwr cydnabyddedig ar y chwarae hwnnw hefyd. Gan gychwyn wrth y Fron, fe chwipiodd o y gasgen las unwaith i ben allt y Waun ac yn ôl ac fe ŵyr y cyfarwydd fod hynny'n fwy o dipyn na thaith diwrnod Sabath. Un arall o'i gampau gwyrthiol o oedd gallu eistedd ym môn clawdd drwy gydol min nos i gloriannu'n ddirmygus ein hymdrechion carbwl ni. Mae'n wir y codai yn awr ac eilwaith i roi bywyd newydd yn ei dop ond welais i erioed mohono'n marw oni ddôi William Lewis heibio yn ei fŷs a'n gorfodi i sgrialu o'r ffordd.

Ymdrech ofer i efelychu ei ddawn gyfrin o a barodd i mi gael un o brofiadau mwyaf arteithiol fy mywyd. Yr oeddwn wedi mynd i Amlwch yn un swydd y Sadwrn cynt ac roeddwn i wedi prynu'r peg top clyferiaf yn Siop Caxton, un coch a gwyrdd gyda rhimyn melyn o gylch ei drwyn. Ei gwadnu hi o'r ysgol bnawn Llun. Neidio i 'nillad chwara. Sglaffio 'nhe a chythru am y top newydd cyn rhuthro i lawr Cen at yr hogiau. Yr oedd Sei wedi cyrraedd o flaen neb wrth reswm ac roedd o yno'n chwipio'r gasgen las ar Allt Capal yn herfeiddiol.

'Closia o'r ffordd wir Sei,' meddwn i'n larts. Ac yn wir fe gychwynnodd pethau'n rhyfeddol o dda, Sei'n ergydio'r gasgen fel petai'n hen gaseg ufudd tra gyrrwn innau'r gwyrdd a'r coch yn ebol ifanc llamsachus. I fyny'r allt. Troi. I lawr drachefn. Sefyll o'r neilltu i roi lle i Huw Carreg Daran wau drwyddynt ar ei foto beic a sylwi bod Sei'n brathu'i wefus isa', arwydd digamsyniol ei fod o'n ofni'r gwaethaf. Yr awyrgylch yn drydanol a'r hogiau'n ddwy garfan swnllyd ranedig ar glawdd Cae Clegyrog.

'Bôn braich iddi Sei.'

'Socsan iddo fo Pengraig!'

Cleciodd fy chwip am wddf y top newydd am y canfed tro a honno oedd ergyd fwyaf nerthol yr ornest. Fu erioed y fath flyndar. Edrychwn yn safnrhwth ddiymadferth arno'n codi'n glir oddi ar y ddaear, yn troelli fel bwmerang, yn esgyn yn uwch ac yn uwch nes taro'n glets yn erbyn y cwarel fwyaf yn un o ffenestri Bethlehem, a mynd drwyddi.

Aeth y dorf ar ben y clawdd yn gwbl fud. Safwn innau yno'n hurt. Clywswn am giwed ddienwaededig ryw dro yn rhuthro i ddifrodi'r Cysegr Sancteiddiolaf a'i ysbeilio o'i drysorau gwerthfawrocaf, ond gwyddwn mai gwaeth na ffieidd-dra Antiochus Epiphanes neu farbareiddiwch Atila neu Alaric fy mhechod ysgeler i, yr halogiad anfad hwnnw ar deml Bethlehem. A gwaeth fu'r canlyniadau hefyd — y deud adre, yr orfodaeth i dorri'r newydd i Defis Gwnidog, yr ymddiheuro mewn sach-liain i'r pedwar blaenor, y cerdded i lawr Capal fore'r Sul canlynol gan gwbl gredu bod pawb yn rhythu'n fileinig arna' i, ynghyd â'r penyd creulonaf un, fy nedfrydu i beidio â chyffwrdd top byth wedyn heb sôn am chwarae hefo un.

Fe symudwyd olion y gwaradwydd yng nghyflawnder yr amser mae'n wir ac fe roddwyd gwydr newydd yn ei le. Ond doedd hwnnw ddim yn gweddu rywsut. Dwl fu ffenestri'r capel erioed ond fe welwch wrth i chi fynd i fyny'r allt fod y cwarel uchaf yn yr ail ffenest yn wydr clir. Mae'n wahaniaeth sy'n aflonyddu arna' i bob tro yr âf heibio. Wn i ddim faint o'i ôl a adawodd Bethlehem arna' i ond y mae un peth yn sicr, ac yn gwbl amlwg hyd heddiw, fy mod i wedi gadael fy ôl, yn gwbl annileadwy ar Bethlehem!

Ond chwarae teg i Sei hefyd. Rhoddodd bwniad i mi wrth i ni ymgodymu â'r L.C.M. yn 'rysgol y bore Llun canlynol.

'Ma' gen i rwbath i ti pan awn ni allan i'r iard,' sibrydodd.

A phan ddaeth hi'n ganol y bore bu'n crafu'n hir ym mherfeddion leining ei gôt am rywbeth oedd wedi llithro drwy'r twll yn ei boced gesail.

'Biti iti golli'r top newydd,' meddai toc, 'ond hwda, nid wedi torri'r ffenast y byddai hon ond wedi tynnu'r blydi sioe i gyd i lawr am ben Defis a'i griw.'

A gwthiodd y gasgen las i'm llaw.

'Chdi fasa wedi ennill 'rhen ddyn, ma' pawb yn deud, oni bai am y discwalifficesion.'

* * *

Amser a ballai i ddyn restru'r holl bethau a wneuthum hefo Sei. Denu cywion nico i gawell yng nghoed y fynwent a chael dwy a dimai'r pen yn gyfnewid amdanynt gan Huw Jôs Cas Cloc, dilyn beindar yn Llanol a llwytho'r ysbail i fan y *Daily Post* a ddôi bob bore o Fangor, rhwydo'r doctor coch yn ffosydd Fferam Gyd, potsio ym Mhentre Heilyn, dal sliwod ym mhwll Alma, magu cathod yn y cwt mochyn a'u boddi yn y siafft ym Mherllan Siop, rhedeg rasus malwod, bridio llygod, trapio gwencïod, blingo tyrchod ac yn rheolaidd bob blwyddyn, ar Fawrth y Cyntaf, diwrnod priodas y brain, hel grifft.

Fe gynhelid cyngerdd gwladgarol ar fore Gŵyl y Nawddsant — Pyrsi yn ledio'r *Cofia'n Gwlad* fel person, minnau'n llusgo drwy'r pedair adnod gyntaf o'r *Canmolwn yn awr ein gwŷr enwog*, y Sgŵl yn traethu'n hir ar ragoriaethau Dewi, a Musus Lewis Bebis unwaith y steddai o i lawr yn taro'r nodyn priodol i gôr merched standard ffôr fynd ati â'u holl egni i ysbrydoli *Gwŷr Harlech*, a Sei, yn briodol iawn, yn cloi'r holl weithgareddau drwy ddatgan â'r un gwynt beth oedd rhesymol ddyletswydd pob Cymro gwerth yr enw.

Os wyt Gymro hoff o'th wlad
A hoff o'th dadau dewrion,
Cadw ŵyl er mwyn dy had
Ni waeth beth ddywed estron,
Gwisg Genhinen yn dy gap
A gwisg hi yn dy galon.

Adre â ni wedyn i ginio cynnar, yn rhydd am weddill y diwrnod. A hel grifft yn ddeheuig y byddem, llond pwced bob un o'r Llynbwch, a'u tendio'n garuaidd nes bod, ymhen saith wythnos, fwy o lyffantod yn y Cen nag a boenai Pharo a holl wlad yr Aifft adeg y plâu.

* * *

Gwaelod y graig ym mhen uchaf Cae Stabal oedd man cyfarfod Sei a fi ar ôl yr ysgol fel arfer. Oddi yno edrychem i lawr fel dau gadfridog ar y pentref gan drefnu a chynllunio, ystyried a pharatoi. Fo'n edrych mor herfeiddiol â Che Guevara a fyddai'n deddfu a minnau'n nodio fy nghymeradwyaeth o bob awgrym a roddai, a doedd dim yn torri ar y distawrwydd yno ond clegar y gwyddau weithiau ar Waun yr Efail a chrugleisio Jac Salbri ambell dro wrth iddo alw'r gwartheg o'r Cae Main i'w godro. Ac yr oedd mil a mwy o ddigwyddiadau cyffrous yn esgor o'r cynllunio bwriadus hwnnw, yn arbennig o'r cynllunio manwl ar gyfer diwrnod clapio.

Roedd y Llun cyn y Pasg yn ddiwrnod nodedig, yn bwysicach na'r un arall i ni ac eithrio hwyrach y Dolig.

'Pwy sy'n mynd i glapio am wya' ddechrau'r wythnos nesa?' holai'r Sgŵl bnawn Gwener. Rhoddai pob copa walltog yn *standard five* a *six* ei law i fyny.

'Wel, cofiwch gau bob giât ar eich ôl 'ta . . . a bod yn gwrtais ym mhob man . . . yn *polite . . . manners maketh* . . . be Meri Lewis?'

'*Man* Syr.'

'A *woman* hefyd, *don't forget.*'

'*No* Syr.'

'Seimon Thomas Humphreys Llety Llaith, peidio â be?'

'Peidio â bod yn ddigywilydd yn unlle Syr.'

'*Yes,* peidio â bod yn haerllug . . . yn *cheeky* . . . yn lowtish . . . yn bowld . . . dim fel yn Cae Bach Aur y llynedd. Rydach chi'n cofio hynny debyg William Henry Davies?'

'Ydan Syr. Byth eto Syr.'

'*I should hope not.* Ac ym mhob dim . . . ym mhob dim . . . Be?'

'Ym mhob dim D-I-O-L-CH-W-CH Syr.'

'*And if I get any complaints . . . Stand.*'

Ar ein codiad fore Llun, heidiem yn giangiau o dyddyn i dyddyn ac o fferm i fferm gan daro nodau staccato wrth lafarganu'r

Clap Clap gofyn ŵy
I hogia bach ar y plwy

a chynhyrchu'r sŵn mwyaf aflafar hefo'n clapiau pren nes gorfodi gwraig bob tŷ i agor ei drws ffrynt i ni.

Hen arfer y gellid olrhain ei darddiad i Gymru Gatholig yr Oesoedd Canol oedd o. O leia dyna a ddywedai'r Sgŵl. A doedd dim angen mwy o gyfiawnhad dros ei gadw. A'r ŵy, medda fo, yn symbol o'r atgyfodiad ac o'r bywyd newydd yn torri allan o blisgyn yr hen. Er na welai Mam ddim gwahaniaeth rhyngddo a begera agored ac yr oedd sôn am y Plwy yn y rhigwm yn ddigon bob tro i ferwino'i chlustiau —

'Ar boen dy fywyd yr ei di hefo Seimon Llety Llaith i glapio, i ddwyn gwarth arnom ni fel teulu, a ninnau hefo tair acar a hannar o dir, a saith o ieir; iawn i hogyn tŷ a gardd os lecith o, ond dim i chdi, wyt ti'n clywad?'

Ac am fy mod i'n perthyn i'r dosbarth breiniol ac nad oedd wiw i mi feddwl am fynd â'r un ŵy adre, gwyddai Sei yntau mai fo'n hwyr neu'n hwyrach a fyddai'n etifeddu'r cwbl a glapiwn i. Dyna pam yr oedd ganddo biser ocsyn wedi ei guddio wrth odre twmpath eithin yng Nghae'r Orsadd i mi.

'Hwda, dyro dipyn o sgrwff yn 'i waelod o a thendia dorri ddim un. Mi dria' inna lenwi hwn yli.'

Ac yr oedd Sei yn gwbl sicr o'i siwrnai.

'Mi gychwynnwn ni yn Nhre Farthin was, achos mi fu'r hen ddyn 'cw'n gweithio'n fan'no ers talwm. Lle da achan.'

Ac yn wir fe fyddai dau ŵy daufelynwy wedi eu gosod ar silff isa'r tŷ llaeth yno'n barod. Ymlaen oddi yno i Gae'r Mynach lle'r oedd dwsinau o hwyaid Aylesbury. Yna'r Hald, wyau cochion braf bob blwyddyn, ac Ynys yr Hwch gyda rhai crynion y Light Sussex. Dim ond ceiniog oedd i'w chael ym Mhen Padrig canys byddai hanner yr ieir yno fel arfer wedi dechrau gori, ac afal yn Rhyd y Delyn am mai 'i hogia bach Llanddeusant yn unig, ac nid i hen betha barus y Garreglefn 'na,' y rhôi'r hen Siwsi Parri ei hwyau hi.

A doedd neb mwy busneslyd na Priscila'r Ffingar, hen ferch dafodrydd a'n cadwai am hydoedd wrth ei drws cyn dôi i agor yn ei chwman a dechrau rilio'n syth,

'Y Negro wen, ydach chi'n meddwl 'mod i'n fyddar neu be?'

'Na, jyst meddwl y'ch bod chi yn y cefn yn . . . '

'Taswn i yn fy arch mi faswn wedi clywad y nada yna; hogia pwy ydach chi felly?'

Sei oedd y llefarydd drosom ein dau.

'Hogyn Ŵan Ŵans, Pengraig ydi hwn a Morrus, Llety Llaith ydi 'nhad inna.'

'Hogyn Morrus? Sut ma'ch taid 'ngwas i?'

'Wn i ddim.'

'Wn i ddim. Diar mi! Pam?'

'Am 'i fod o wedi marw ers cyn Dolig.'

'Tewch da chi. A hogyn pwy ddeudsoch chi ydi'r hen gelach bach yma?'

'Ŵan Ŵans, Pengraig.'

'Felly,' (a chan graffu'n feirniadol arna' i), 'lle ma'ch tad yn gweithio rŵan?'

'Yn Llanol hefo Mr Bradley.'

'Rhoswch chi funud, tyddyn ydi Pengraig acw 'tê?'

'Ia.'

'Faint o dir sy' 'cw 'ngwas i?'

'Tri chae. Cae Moch; Cae Capal; Cae Ffynnon Fach.'

'A ma' gynnoch chi ieir debyg?'

'Rhyw 'chydig.'

'Wel, wn i ddim i be 'dach chi a'ch tebyg isio hel i'r fan yma o gwbwl. 'Rydach chi'n pluo hen graduras dlawd, mi dorra' i y'ch coesa chi.'

A doedd gen innau 'run ateb, eithr clywn rybuddion Mam yn atseinio dros y lle. Ond dôi Sei i'r adwy'n syth.

'Oes, mae yno ieir, ond mae tair ohonyn nhw wedi dechra bwrw'u plu 'dach chi'n dallt, a dandis ydi'r lleill heblaw am y ceiliog, a dydi hwnnw byth yn dodwy.'

'Wel, nac ydi decin i,' a byddem dan arholiad drom am chwarter awr arall cyn y caem ŵy cywen Weiandot bob un am ein trafferth.

Ac fe grwydrai Sei a fi'n bellach na neb. Doedd arno ofn na tharw na maharan na gwartheg yn pystodi na hwch yn llowdio na chipar na chi defaid na dim. Y terfyn eitha oedd Y Falog er na lwyddodd neb erioed i waedu'r hen Huw Rowse chwaith. Ond eithriad oedd i'r ddau biser a phob poced beidio â bod yn llawn dop erbyn y diwedd. A phe digwyddai i ni gael blwyddyn salach na'i gilydd dôi Sei o hyd i nyth ffesant yn rhywle ar ein ffordd adre ac fe roddai hynny hwb i'r cyfri terfynol, yn ogystal â chreu'r argraff ein bod ni'n dau wedi cael ymgyrch lwyddiannus hyd yn oed pan oedd pawb arall wedi gorfod troi'n ôl yn hanner gwaglaw. Ond ar gyfrif yr elyniaeth oesol a fu rhwng hogiau'r Cen a hogiau Llanfechell bu raid i ninnau hefyd, unwaith, ddod adre heb ddim.

Fe fuasai'n ddiwrnod nodedig o lwyddiannus, tri dwsin a hanner ym mhiser y naill, tri dwsin a phump ym mhiser y llall.

'Paid â dal pen rheswm hefo neb yn fa'ma,' siarsiodd Sei pan oeddem ar gyrion Llanfechell, 'adre'n syth heno was.'

Doedd dim ond pythefnos er pan roesai'r stîd orau a gawsai yn ei fywyd i Llew Tŷ'n Llain a gwyddai fod hwnnw, ac yntau ar ei domen ei hun, yn llercian yn rhywle ac yn aros ei gyfle. Cerddem yn dinfain i fyny allt Penbodeistedd pan ymosodwyd arnom o bob cyfeiriad. Doeddem ni ddim yn disgwyl trugaredd, ac ni chaed dim chwaith. Fe'n tywyswyd yn anfoddog gerfydd ein gwalltiau i'r sgwâr ac fe'n gorfodwyd i sefyll â'n cefnau ar wal y *Crown* lle pledwyd ein wyau ni'n hunain yn genlli diarbed ar ein pennau.

'A'r un croeso'n union gewch chi yn Llan y tro nesa hefyd y diawlad,' gwaeddai Twm, brawd Llew, fel y sgrialem am adre yn un gribol melyn, er mai Sei gafodd y gair ola', ond bu raid iddo aros am ddwy flynedd a hanner cyn y medrodd o dalu'r pwyth yn ôl.

* * *

Aeth pum mlynedd a deugain heibio bellach er pan dorrodd dau hogyn eu henwau ar yr onnen yng Nghoed y Felin Nant, honno lle nythai'r dylluan frech bob Gwanwyn: 'S.T.H.' yn briodol iawn a naddwyd gyntaf, 'W.O.' anghelfydd oddi tano, ac 'EBR. 1947' ychydig yn is i lawr wedyn, ac fel petaent am arwyddocáu'r cyfamod rhyngddynt fe osodwyd y cyfan yn daclus y tu mewn i linellau ffrâm. Ac am wn i nad ydyn nhw'n dal i fod yno o hyd er bod y rhisgl hwyrach wedi crebachu ac ireidd-dra y torri gwreiddiol wedi hen ddarfod amdano.

A dyna, decin i, ydi'r unig arwydd gweladwy sydd ar ôl bellach o'r llencyndod hwnnw, y ddolen gyswllt a'n cydia wrth y blynyddoedd rheiny pan oeddem ni ein dau hefo'n gilydd yn tyfu'n wyllt yn y ponciau. Er nad oes, o feddwl, fawr ddim arall chwaith o bethau'r wlad, ysgyfarnog ar ei gwâl, Crafanc y Frân yn anwesu haul mis Mawrth cynnar, cywion cornchwiglod yn sgrialu drwy'r manfrwyn, clochdar troellwr, cri'r gylfinir, y wennol gyntaf, trydar petris, nad yw fy mhleser heddiw o'u gweld ac o'u clywed yn mynnu, bron yn reddfol, dorri allan yn deyrnged i Seimon Llety Llaith.